UN CHANT UNE ŒUVRE

ÉDUCATION MUSICALE

CYCLES 2 ET 3

Écouter, explorer, interpréter

Marie-Pierre Lecolley
Conseillère pédagogique départementale en éducation musicale

Thierry Maucarré
Conseiller pédagogique départemental en éducation musicale

Sandrine Montauban
Professeure d'éducation musicale et de chant choral

Anne Piraud
Conseillère pédagogique généraliste

Christophe Riegler
Conseiller pédagogique départemental en éducation musicale

CANOPÉ ÉDITIONS
AGIR

Directeur de publication
Jean-Marc Merriaux
Directrice de l'édition transmédia et de la pédagogie
Michèle Briziou
Directeur artistique
Samuel Baluret
Coordination éditoriale
Céline Fresquet
Secrétariat d'édition
Sophie Roué
Mise en pages et illustrations
Geoffrey Salles
Conception graphique
DES SIGNES studio Muchir et Desclouds

Couverture
© Digital Vision/Getty Images - Taiko

ISSN : 2425-9861
ISBN : 978-2-240-03657-5

(établissement public à caractère administratif)
Téléport 1 – Bât. @ 4
1, avenue du Futuroscope
CS 80158
86 961 Futuroscope

Sommaire

Introduction

Les programmes de l'école élémentaire nous rappellent que « dans sa pratique régulière, l'éducation musicale s'articule essentiellement autour des activités vocales et des activités d'écoute[1] ».

Notre réflexion nous a amenés à construire des séquences où sont associés un chant traditionnel ou contemporain et une œuvre musicale instrumentale ou vocale, du XVIIe siècle à nos jours.

L'œuvre et le chant ne sont volontairement pas comparés. Au sein d'une même séquence, ils participent à la construction de compétences communes dans un aller-retour constant entre écoute et productions. Chaque séquence regroupe ainsi plusieurs séances détaillées et concrètes et présente à la fois des activités vocales, des activités d'écoute et des activités instrumentales complémentaires. La démarche d'apprentissage des chants ainsi que le travail d'écoute des œuvres ont fait l'objet d'un parti pris des auteurs.

Aucun ordre d'exploitation des séquences n'est préconisé. Pour une utilisation plus aisée, elles sont cependant ordonnées selon les niveaux d'enseignement. Les extraits audio exploités ici figurent sur les deux CD accompagnant le présent ouvrage.

Les activités vocales

Pour chaque séquence, au moins une préparation corporelle et vocale est proposée. Elle vise à mettre les élèves « en condition de chanter ». Elle peut être utilisée totalement ou partiellement à chaque séance de chant. De façon à enrichir la palette des possibles, des exercices variés sont présentés. Certains sont inspirés des jeux vocaux proposés par Guy Reibel dans *Le Jeu vocal, chant spontané* (double DVD, MK2/CRDP de l'académie de Nice, 2006).

Trois phases différentes sont suggérées :
- l'éveil corporel qui induit la détente nécessaire à l'émission sonore, favorise équilibre et stabilité, assure l'ancrage ;
- l'éveil du souffle qui vise à accroître la capacité respiratoire et à contrôler sa respiration (laisser entrer l'air pendant l'inspiration et maîtriser le souffle (durée et pression) pendant l'expiration) ;
- l'éveil vocal qui permet de développer l'étendue vocale et l'expressivité de la voix.

Le nombre de séances nécessaires à l'apprentissage du chant est donné à titre indicatif. Il peut être adapté en fonction des pratiques de classe et du niveau des élèves.

---

1 Source : « L'éducation musicale à l'école » sur Eduscol : http://eduscol.education.fr, rubriques « Scolarité et parcours de l'élève », « École élémentaire », « Culture humaniste ».

Les activités d'écoute

Chaque œuvre fait l'objet d'une présentation générale (compositeur, époque, style, synopsis...) et d'une analyse détaillée de l'extrait. Toutes les activités proposées visent à mettre les élèves en situation d'écoute active. Il s'agit, par l'action, de les amener à comprendre l'œuvre et ainsi mieux l'apprécier.

Dans le cadre du parcours d'éducation artistique et culturelle de l'élève, toutes les écoutes pourront faire l'objet d'une trace écrite collective et/ou individuelle. Cette trace comportera, par exemple :
– des éléments biographiques sur les auteurs-compositeurs ;
– des repères historiques ;
– des éléments de connaissances de l'œuvre ;
– une présentation de la pratique artistique réalisée (essais, travaux définitifs) ;
– une mise en réseau avec d'autres œuvres artistiques ;
– les impressions de l'élève/de la classe.

L'évaluation à l'issue des séquences

Volontairement, seuls des éléments d'évaluation sont indiqués. Ils ne constituent pas une séance à part entière. Ces éléments font souvent appel à d'autres œuvres musicales issues principalement d'un des CD et du site Musique Prim[2].

Les illustrations présentes dans l'ouvrage, hormis les photographies d'instruments de musique japonais, sont librement téléchargeables à l'adresse : https://www.reseau-canope.fr/notice/un-chant-une-oeuvre.html

[2] Musique Prim est une ressource dédiée à l'éducation musicale pour les enseignants, les formateurs et les corps d'inspection du 1er degré, offrant, une fois inscrit avec son e-mail académique, des œuvres à écouter et à chanter accompagnées de supports pédagogiques : www.reseau-canope.fr/musique-prim.
Pour accéder aux audios indiqués dans les séances, il est donc nécessaire de s'inscrire au préalable.

Contenus des CD audios

CD 1

PLAGE	TITRE	AUTEUR / COMPOSITEUR	INTERPRÈTES **Chanteurs / Musiciens / Arrangeurs**	DURÉE
1	*Trois petits chats*	Jean-Louis Fonteneau/ Claude Jardin	Lou Van Hoorde/ Isaac Azoulay	2'07
2	*Trois petits chats* [BO]			2'07
3	*Duo des chats*	Gioacchino Rossini	Elisabeth Soderstrom, Kerstin Meyer/Jan Eyron	3'47
4	*Cadet Rousselle*	Traditionnel	Lou Van Hoorde/ Isaac Azoulay	4'16
5	*Cadet Rousselle* [BO]			4'18
6	*La Mère Gigogne et les Polichinelles*	Piotr Ilitch Tchaïkovski	Orchestre national de Russie/Mikhail Pletnev	2'51
7	*On est musiciens*	Jean-Marie Gougeon/ Marc Pinget	Enfants/Marc Pinget	3'39
8	*On est musiciens* [BO]			3'30
9	*On est musiciens* [BO accélérée]			3'12
10	*Danse populaire roumaine IV*	Béla Bartók	Patricia Kopatchinskaja/ Fazil Say	1'20
11	*Danse populaire roumaine V*			0'36
12	*Danse populaire roumaine VI*			0'57
13	*Compère vous rêvez*	Laurent Lécuyer	Laurent Lécuyer/ Enfants du lycée français de Caracas	3'46
14	*Compère vous rêvez* [BO]			3'48
15	Medley *Cocinando – Oye como va?*	Ray Barretto/ Tito Puente	Orchestre Loca Banda Lisieux/Christophe Scrève	4'18
16	*Brrr ! J'ai peur*	Jean Humenry	Jean Humenry	2'24
17	*Brrr ! J'ai peur* [BO]			2'30
18	*Musique d'insectes et de rainettes*	Maurice Ravel	Andrée Aubery Luchini/ Derrick Olsen	1'46

19	*La Noce des oiseaux*	Traditionnel	Écoles qui chantent/Jean-François Gion	1'51
20	*La Noce des oiseaux* [BO]			1'50
21	*Le Rouge-gorge*	Olivier Messiaen	H. Austbo	2'24
22	Chant de l'alouette	Oiseaux	Oiseaux	0'29
23	Chant du pinson			0'22
24	Chant du corbeau			0'13
25	Chant du coucou			0'10
26	Chant du geai			0'13
27	Chant de la mésange			0'11
28	Chant du moineau			0'14
29	Chant du rouge-gorge			0'29
30	*Cailloux et coquillages*	Jacques Barthès	Marie, Nina, Laura, Clémentine, Jean-Loup, Marion	4'04
31	*Cailloux et coquillages* [BO]			4'02
32	*Dialogue du vent et de la mer*	Claude Debussy		2'40

CD 2

PLAGE	TITRE	AUTEUR/COMPOSITEUR	INTERPRÈTE	DURÉE
1	*Noël en ribambelle*	Isabelle Viel	Ensemble L'Air de rien	2'05
2	*Noël en ribambelle* [BO]			2'05
3	*Canon*	Johann-Christoph Pachelbel	Capella Istropolitana dir. R. Edlinger	4'46
4	*De Tokyo à Kyoto*	Bruno Vay	Émilie Chennevière/ Jean-Philippe Letellier	2'01
5	*De Tokyo à Kyoto* [BO]			2'01
6	*Kabuki procession*	Nick et Sien Vallis-Davies	Nick et Sien Vallis-Davies	2'39
7	*J'envoie valser*	Zazie Phil Baron	Classe de CM de Marc Salperwyck – école Jules-Ferry – Equeurdreville/Isaac Azoulay	2'57
8	*J'envoie valser* [BO]			2'56
9	*Valse n° 2*	Dmitri Chostakovitch	Orchestre symphonique de l'État de Russie dir. D. Yablonsky	3'16
10	*Valse n° 2* [version saxophone]		Thierry Maucarré	1'19
11	*Différents d'une même famille*	Arnaud Chatirichvili	Arnaud Chatirichvili	2'38
12	*Différents d'une même famille* [BO]			2'36
13	*Blue Bossa*	Kenny Dorham	TM'S quartet/ Thierry Maucarré	4'43

14	*Hop, hop opéra*	Bruno Isabellon	Chorale du collège de Semur-en-Auxois dirigée par Bruno Isabellon/ Jean-Yves Labaune	1'55
15	*Hop, hop opéra* [BO]		Jacques Camus	1'53
16	*Le Chœur des gamins*	Georges Bizet	London Philharmonic Orchestra, dir. Philippe Jordan	2'29
17	*Le Petit Cordonnier*	Francis Lemarque/ Rudi Revil	CPEM académie de Dijon	2'36
18	*Le Petit Cordonnier* [BO]			2'37
19	*Là ci darem la mano*	Wolfgang Amadeus Mozart	Sunhae Im, soprano & Johannes Weisser, baryton – RIAS Kammerchor, Freiburger Barockorchester, dir. René Jacobs	3'05
20	*L'Union fait la force*	Jean Nô	Les enfantastiques	4'14
21	*L'Union fait la force* [BO]			4'30
22	*We Free Again*	Harrison Stafford/ Marcus Urani	Groundation	2'40

HIST

DE C

Histoires de chats

OIRES
HATS

PARTIE 1

Lors de cette séquence, les élèves découvriront quelques procédés musicaux utilisés par les compositeurs pour raconter des histoires ou décrire des personnages avec les sons mais sans les mots. Ils réinvestiront quelques-uns de ces procédés pour créer eux-mêmes une histoire en musique.

SUPPORTS MUSICAUX UTILISÉS	*Trois petits chats* de Jean-Louis Fonteneau et Claude Jardin *Duo des chats*, attribué à Gioacchino Rossini
NIVEAUX DE CLASSE	Grande section, CP
OBJECTIF PRINCIPAL DE LA SÉQUENCE	Découvrir quelques idées musicales permettant de créer une histoire en musique
COMPÉTENCES VISÉES	Interpréter de mémoire une chanson Repérer des éléments musicaux caractéristiques simples Reconnaître des œuvres musicales préalablement étudiées Inventer et réaliser des productions à visée artistique ou expressive
DESCRIPTION DE LA SÉQUENCE	Séances 1 et 2 : Apprentissage du chant *Trois petits chats* Séance 3 : Écoute du *Duo des chats* Séance 4 : Productions instrumentales et vocales – recherche sonore Séance 5 : Création d'un paysage sonore « journée de chats » Éléments d'évaluation

Séances 1 et 2

Objectif : apprendre le chant *Trois petits chats*

Compétences visées :
- repérer et reproduire avec justesse une phrase musicale ;
- jouer avec sa voix pour explorer les variantes de timbre, d'intensité, de durée et de hauteur ;
- tenir sa place en formation chorale.

Matériel :
- CD 1, plage 1 (*Trois petits chats*) ;
- CD 1, plage 2 (bande orchestre de *Trois petits chats*).

PRÉSENTATION DU CHANT

Jean-Louis Fonteneau et Claude Jardin ont composé *Trois petits chats* en 2004, pour le logiciel ludo-éducatif *Adibou*.

Ce chant, qui alterne de façon classique couplets et refrains, évoque les facéties de trois petits chats. Le comportement de ces trois petits fripons, si proche de celui des enfants, explique sans doute le succès de ce chant qui est rapidement devenu un tube du répertoire enfantin.

TROIS PETITS CHATS

Paroles de Jean-Louis Fonteneau – Musique de Claude Jardin

Introduction instrumentale

Refrain

Un, deux, trois, trois p'tits chats,
Trois vilains petits fripons,
L'autre nuit, sans un bruit,
Sont entrés dans ma maison.

Sont allés dans la cuisin[e],
Ont renversé la farin[e],
Ils se sont roulés dedans,
Et sont ressortis tout blancs !

Refrain

Déguisés en chevaliers,
Se batt[ent] à grands coups d'épées,
Crèvent tous les oreillers,
Et téléphon[ent] aux pompiers.

Refrain

Intermède instrumental

Hop ! Les voilà repartis
En un clin d'œil dans la nuit,
Le dernier qui est sorti
A fait pipi sur le tapis !

Refrain [deux fois]

DÉROULEMENT

On répartira l'apprentissage du chant sur deux voire trois séances.

PRÉPARATION VOCALE ET CORPORELLE

Éveil corporel
Se comporter comme un petit chat :
- à genoux, les fesses sur les talons, se mettre en boule ;
- étendre ses pattes loin devant, puis se remettre en boule ;
- étendre ses pattes de derrière l'une après l'autre ;
- faire le gros dos, creuser le dos ;
- se dresser sur ses pattes de derrière en s'étirant.

Éveil du souffle
Imiter le chat en colère :
- « kssss », « pch » (sons longs) ;
- « fttt » (sons brefs, rapides).

Éveil vocal
Reproduire les miaulements proposés par l'enseignant :
- miaulements aigus, moyens, graves ;
- miaulements brefs, longs ;
- miaulements faibles, forts.

L'enseignant propose un caractère : un chat en colère, un chat amoureux, un chat peureux... et les élèves expriment ce caractère en miaulant.

ÉCOUTE DE LA VERSION CHANTÉE

Remarques des élèves guidés par un questionnement : qui chante ? Un adulte ? Un enfant ? Que raconte l'histoire ?

APPRENTISSAGE DU REFRAIN

Travail rythmique
L'enseignant dit en parlé-rythmé : « Trois vilains petits fripons » et fait répéter les élèves.

Même travail pour les trois autres vers ayant le même rythme (« Sont entrés dans ma maison », « Ont renversé la farine », « Et sont ressortis tout blancs ! »).

Mais qui sont ces fripons ? L'enseignant chante le refrain et le premier couplet de la chanson pour apporter la réponse.

Apprentissage des deux phrases du refrain par imitation
Première phrase musicale : Un deux trois/Trois p'tits chats/Trois vilains petits fripons

Seconde phrase musicale : L'autre nuit/Sans un bruit/Sont entrés dans ma maison.

Attention, les deux phrases musicales sont quasi identiques mais leur fin diffère (petits fripons/dans ma maison). On pourra chanter et faire chanter ces deux segments l'un après l'autre pour faire émerger leur différence.

APPRENTISSAGE DU PREMIER COUPLET
Apprentissage des deux phrases du premier couplet par imitation.

Travail par groupes : le groupe 1 chante la première phrase, le groupe 2 chante la deuxième phrase et inversement.

RÉALISATION DU REFRAIN ET DU PREMIER COUPLET
Chanter le premier couplet et le refrain sur la bande orchestre.

APPRENTISSAGE DU DEUXIÈME COUPLET
L'enseignant chante le deuxième couplet en entier et questionne les élèves sur le sens du texte : que font cette fois-ci les trois petits chats ?

Travail mélodique et rythmique par imitation, vers par vers, et du chant intérieur.

Vers 1 : « Déguisés en chevaliers »

Vers 2 : « Se batt(ent) à grands coups d'épées »

Vers 3 : « Crèvent tous les oreillers »

Vers 4 : « Et téléphon(ent) aux pompiers »

La classe est partagée en deux groupes. Entre les deux, on imagine que se trouve un « groupe fantôme ».

L'enseignant fait chanter à voix haute le groupe 1 (vers 1). Le groupe 2 enchaîne avec le vers 2. On imagine que le groupe fantôme chante en silence le vers 3. Enfin le groupe 1 chante à voix haute le dernier vers. Les élèves doivent donc chanter intérieurement pour dérouler le couplet.

APPRENTISSAGE DU TROISIÈME COUPLET
Apprentissage par imitation des deux premiers vers :
« Hop ! les voilà repartis
En un clin d'œil dans la nuit »

Travail rythmique pour les deux derniers vers, car ils diffèrent légèrement des couplets précédents. Commencer par les dire de manière rythmée, sans expression, puis en chuchotant, en étant en colère, étonné...

Chanter ensuite les deux vers l'un après l'autre ; les élèves répètent.

Chanter le troisième couplet en entier.

RÉALISATION DU CHANT
Chanter l'ensemble de la chanson sur la bande orchestre.

Séance 3

Objectif : écouter une œuvre musicale narrative (*Duo des chats*) pour comprendre que la musique peut raconter une histoire ou décrire des personnages

Compétences visées :
- reconnaître des œuvres musicales préalablement étudiées ;
- repérer des éléments caractéristiques simples (lent/rapide, fort/faible) permettant d'exprimer les sentiments.

Matériel : CD 1, plage 3 (*Duos des chats*)

PRÉSENTATION DE L'ŒUVRE

Titre : *Duo des chats*

Compositeur : Gioacchino Rossini

Genre : musique bouffe (dans le sens de musique divertissante)

Instrumentation : piano, voix

Bien que cette pièce soit très généralement attribuée à Gioacchino Rossini, elle n'a pas été réellement écrite par lui, mais consiste en une compilation, écrite en 1825, probablement par Robert Lucas de Pearsall (qui utilisa à cette occasion son pseudonyme G. Berthold). Cette compilation reprend trois passages de l'opéra *Otello* de Rossini.

LE COMPOSITEUR

Gioacchino Rossini est un compositeur italien né à Pesaro en Italie le 29 février 1792 et mort à Paris le 13 novembre 1868. Son nom se rattache surtout à l'opéra dont les plus populaires sont : *Il Barbiere di Siviglia* (d'après *Le Barbier de Séville* de Beaumarchais), *La Cenerentola* (d'après *Cendrillon*), *La Gazza Ladra* (*La Pie voleuse*), *L'Italiana in Algeri* (*L'Italienne à Alger*) et *Guillaume Tell*.

Bon vivant et gastronome, il compose des pages culinaires auxquelles il donne le nom de ses opéras (Les bouchées de la Pie voleuse, Tarte Guillaume Tell). Le « tournedos Rossini » est une célèbre création culinaire nommée en son honneur. Certains lui en attribuent également la paternité.

L'ŒUVRE

Le *Duo des chats* est une parodie des duos d'amour créée en 1825. Un couple de chanteurs imite ici des chats qui, avec leurs miaulements, se parlent d'amour puis se disputent, pour finir par se réconcilier.

Il se compose de trois parties :
- du début à 01 min 30 s : mouvement lent avec alternance des interventions du chat et de la chatte ;
- de 01 min 30 s à 02 min 10 s : mouvement rapide avec simultanéité des interventions ;
- de 02 min 10 s à la fin : mouvement rapide avec alternance et simultanéité.

DÉROULEMENT

PREMIÈRE ÉCOUTE

Écoute du *Duo des chats* en entier. Cette fois-ci, l'histoire est racontée uniquement par la musique, il n'y a pas de paroles.

À l'issue de la première écoute, susciter les remarques des élèves :
- Qui chante : des vrais chats, des chanteurs ? (homme, femme, enfant...)
- Combien y a-t-il de personnages ?
- Que disent-ils ?

RÉÉCOUTE DIRIGÉE

Combien de voix peut-on distinguer ? Chantent-ils en même temps ou chacun leur tour ?

Les voix sont-elles accompagnées ? (piano)

COMPRENDRE LA NARRATION

Écoute corporelle de la première partie. Mimer les expressions et les sentiments exprimés : triste, gai, coléreux, doux, charmeur, espiègle, mauvais, timide...

IMPROVISATION VOCALE

Par deux, jouer un dialogue de chats pour y exprimer :
- une dispute ;
- une histoire d'amour ;
- un jeu...

Séance 4

Objectifs :
- traduire un événement vocalement ou instrumentalement ;
- explorer les possibilités sonores d'objets variés ;
- explorer les ressources de sa voix.

Compétence visée : inventer et réaliser des productions à visée artistique ou expressive

Matériel :
- objets de récupération, petites percussions ;
- images de chat qui lape du lait, qui dort en ronronnant, qui marche avec un grelot, qui grogne, qui joue avec une pelote de laine, qui miaule.

DÉROULEMENT

ANALYSE DES IMAGES

- Montrer tour à tour les six images et les faire décrire aux élèves en leur demandant également d'énoncer les bruits sous-jacents.

RECHERCHE SONORE

Pour chacune des images, chercher à imiter avec la voix, avec des objets ou des petites percussions les sons qui sont censés se produire.

On pourra, par exemple, diviser la classe en six groupes, chaque groupe étant chargé de trouver l'illustration sonore d'une image et de la réaliser.

Chaque groupe présente ensuite à la classe l'illustration sonore réalisée : écoute, échanges, modifications éventuelles.

Séance 5

Objectif : sonoriser une succession d'événements en créant une histoire sonore, à savoir la journée d'un chat

Compétence visée : inventer et réaliser des productions à visée artistique ou expressive

Matériel :
- objets de récupération, petites percussions ;
- images utilisées à la séance précédente ;
- enregistreur ou dictaphone.

DÉROULEMENT

L'enseignant commence par faire un rappel de la séance précédente (les six images de chat).

SONORISER L'HISTOIRE INDUITE PAR LA SUCCESSION DES IMAGES

Disposer au tableau les six dessins alignés de gauche à droite : raconter brièvement l'histoire induite par leur succession.

L'enseignant montre tour à tour chaque image : les élèves sonorisent cette succession d'images en produisant les sons choisis lors de l'étape précédente.

Modifier l'ordre des dessins pour obtenir des successions différentes. Raconter la nouvelle histoire. Sonoriser à nouveau.

ENREGISTREMENT DE DEUX OU TROIS PRODUCTIONS COLLECTIVES

L'enregistrement permettra de garder une trace du projet et sera un support pour une évaluation finale (voir éléments d'évaluation, page suivante).

Éléments d'évaluation

LE CHANT

Le chant *Trois petits chats* pourra être interprété en scindant la classe en trois groupes, chacun ayant en charge l'interprétation d'un couplet. Le refrain sera chanté collectivement.

On attribuera à chaque groupe un caractère, par exemple :
- le premier groupe : chats gourmands ;
- le deuxième groupe : chats en colère ;
- le troisième groupe : chats coquins.

L'HISTOIRE SONORE

L'enseignant fait écouter une des histoires sonores réalisées. Les élèves doivent remettre les six étiquettes représentant les chats en respectant la succession des événements sonores entendus.

LE CL
QUE,
POPUL

Le classique, c'est populaire !

A S S I

C ' E S T

A I R E !

PARTIE 2

Le patrimoine est riche de chansons traditionnelles. Celles-ci permettent à tous d'avoir une culture commune. Leur apparente simplicité aide les élèves à acquérir des notions musicales telles la pulsation, les formules rythmiques… Leur mémorisation est souvent aisée. C'est pourquoi, il n'est pas rare de les retrouver, tout ou partie, dans les œuvres dites « classiques ». Ce couple chant/œuvre en est un exemple.

SUPPORTS MUSICAUX UTILISÉS	*Cadet Rousselle*, chanson populaire française écrite en 1792 « La mère Gigogne et les polichinelles », extrait de *Casse-Noisette* op. 71 de Piotr Ilitch Tchaïkovski, acte II, 3e tableau
NIVEAUX DE CLASSE	Grande section, CP, CE1
OBJECTIF PRINCIPAL DE LA SÉQUENCE	Reconnaître *Cadet Rousselle* dans l'extrait de *Casse-Noisette* de Tchaïkovski
COMPÉTENCES VISÉES	S'exprimer par le chant Reconnaître les œuvres musicales préalablement étudiées
DESCRIPTION DE LA SÉQUENCE	Séances 1 et 2 : Apprentissage du chant *Cadet Rousselle* Séance 3 : Écoute de « La mère Gigogne et les polichinelles » Éléments d'évaluation

Séance 1

Objectif : apprendre un chant issu de la tradition orale enfantine, *Cadet Rousselle* (premier couplet, refrain)

Compétences visées :
- avoir une posture adaptée à la production sonore ;
- repérer et reproduire avec justesse une phrase mélodique ;
- repérer et reproduire avec exactitude une formule rythmique.

Matériel : CD 1, plage 4 (*Cadet Rousselle*)

PRÉSENTATION DU CHANT

Cadet Rousselle est une chanson populaire écrite en 1792 par Gaspard de Chenu ; elle tourne en dérision l'huissier audiencier de la ville d'Auxerre, Guillaume Joseph Rousselle, dit « Cadet Rousselle », pourtant apprécié par ses concitoyens.

Elle fut écrite sur le modèle de la *Chanson de Jean de Nivelle* qui raconte l'histoire de Jean de Nivelle, personnage français du Moyen Âge.

Le succès de *Cadet Rousselle* aurait dû, a priori, se limiter à sa région d'origine, l'Auxerrois. Mais les volontaires nationaux, appelés à la défense du territoire lors de la coalition menée contre la France en 1791 par la Prusse et l'Autriche, en firent le chant de l'armée du Nord. Elle se répandit ensuite dans toute la France, reléguant au second plan la chanson d'origine.

Chaque couplet décrit un élément que le personnage possède. Le refrain est à la manière d'un éclat de rire (« Ah ! Ah ! Ah ! Oui vraiment »).

Comme toute chanson populaire traditionnelle, lors de sa transmission orale, quelques paroles ont pu être modifiées ; ceci explique les variantes proposées.

Depuis sa création, les paroles, la musique ou la chanson dans sa globalité ont été reprises dans des œuvres littéraires ou musicales, par exemple dans *Quatre-vingt-treize* de Victor Hugo, lorsque Danton se moque du long discours de Robespierre (« Cadet Rousselle fait des discours qui ne sont pas longs quand ils sont courts ») ou encore dans *Casse-Noisette* de Tchaïkovski (tableau « La mère Gigogne et les polichinelles »).

CADET ROUSSELLE

Chanson populaire française du XVIIIe siècle

Introduction instrumentale

1. Cadet Roussell[e] a trois maisons *[bis]*
Qui n'ont ni poutres, ni chevrons *[bis]*
C'est pour loger les hirondelles
Que direz-vous d'Cadet Rousselle ?

Refrain
Ah ! Ah ! Ah ! oui vraiment
Cadet Roussell[e] est bon enfant.

2. Cadet Roussell[e] a trois habits *[bis]*
Deux jaunes, l'autr[e] en papier gris *[bis]*
Il met celui-là quand il gèle
Ou quand il pleut, ou quand il grêle...

3. Cadet Roussell[e] a trois chapeaux *[bis]*
Les deux ronds ne sont pas très beaux *[bis]*
Et le troisièm[e] est à deux cornes
De sa têt[e] il a pris la forme...

4. Cadet Roussell[e] a trois beaux yeux *[bis]*
L'un r'gard[e] à Caen, l'autr[e] à Bayeux *[bis]*
Comm[e] il n'a pas la vue bien nette
Le troisième, c'est sa lorgnette...

5. Cadet Roussell[e] a une épée *[bis]*
Très longue, mais toute rouillée *[bis]*
On dit qu'ell[e] ne cherche querelle
Qu'aux moineaux et aux hirondelles...

Aussi chacun de dire d'elle
Qu'ell[e] ne fait peur qu'aux hirondelles...

6. Cadet Roussell(e) a trois souliers *(bis)*
Il en met deux dans ses deux pieds *(bis)*
Le troisièm(e) étant pour bancroche
Quand il le met c'est dans sa poche...

Le troisièm(e) n'a pas de semelle,
Il s'en sert pour chausser sa belle...

7. Cadet Roussell(e) a trois cheveux *(bis)*
Un pour chaqu(e) fac(e), un pour la queue *(bis)*
Pourtant parfois avec adresse
Il les met tous les trois en tresse...

Et quand il va voir sa maîtresse,

8. Cadet Roussell(e) a trois garçons *(bis)*
L'un est voleur, l'autr(e) est fripon *(bis)*
Le troisièm(e) est un peu ficelle,
Il ressembl(e) à Cadet Rousselle...

9. Cadet Roussell(e) a trois gros chiens *(bis)*
L'un court au lièvr(e), l'autr(e) au lapin *(bis)*
Le troisièm(e) fuit quand on l'appelle
Comm(e) le chien de Jean de Nivelle...

10. Cadet Roussell(e) a trois beaux chats *(bis)*
Qui n'attrapent jamais les rats *(bis)*
Le troisièm(e) n'a pas de prunelles
Il mont(e) au grenier sans chandelle...

11. Cadet Roussell(e) a marié *(bis)*
Ses trois filles dans trois quartiers *(bis)*
Les deux premièr(es) ne sont pas belles
La troisièm(e) n'a pas de cervelle...

12. Cadet Roussell(e) a trois deniers *(bis)*
C'est pour payer ses créanciers *(bis)*
Quand il a montré ses ressources
Il les resserre dans sa bourse...

13. Cadet Roussell(e) ne mourra pas *(bis)*
Car avant de sauter le pas *(bis)*
On dit qu'il apprend l'orthographe
Pour fair(e) lui-mêm(e) son épitaphe...

Dernier refrain (bis)

DÉROULEMENT

En fonction du niveau de classe, l'enseignant choisira les couplets (nombre et thématique abordée) qu'il souhaite faire apprendre aux élèves. Par exemple, le choix des couplets peut amener à traiter de l'aspect vestimentaire de Cadet Rousselle (couplets 2, 3, 5, 6), de ses possessions (couplets 1, 9, 10, 12), de son aspect esthétique (couplets 4 et 7), de « sa vie » (couplets 8, 11, 13)...

L'enregistrement de la chanson dans sa globalité sera utilisé lors de la séance 2.

PRÉSENTATION DU CHANT

Présenter uniquement les couplets retenus puis vérifier la bonne compréhension du texte.

Amener les élèves à verbaliser leur ressenti après cette première écoute : que raconte la chanson ? De quoi parle-t-elle ? Comment s'appelle le personnage principal ? Que possède-t-il ? Comment le décrit-on ? Cette chanson ressemble-t-elle à d'autres chants déjà appris ou connus ? Pourquoi ?

PRÉPARATION CORPORELLE ET VOCALE

Éveil corporel et éveil du souffle
Théâtraliser l'histoire du tableau suivant en mimant les actions afin d'amener les élèves à faire de même. L'histoire inventée tiendra tout de même compte des thématiques des couplets choisis (on en profitera pour expliquer le lexique).

HISTOIRE	ACTIONS
Déguisons-nous en gentilhomme des temps anciens.	
Avant d'enfiler notre costume, douchons-nous ! « Sshhh »	Sur un souffle long, mimer l'action de tenir le cordon de la pomme de douche avec un bras afin de gérer l'écoulement de l'eau : le bras se baisse au fur et à mesure que l'eau s'écoule et glisse sur le corps. Renouveler une autre fois cette action. Puis se frotter le corps vigoureusement, comme pour le savonner. Mimer deux autres fois l'eau qui s'écoule sur le corps (pour se rincer !), puis « lisser » le visage et le corps au moyen de mouvements amples.
« Brrrrr ! »	S'ébrouer en roulant les lèvres pour ôter les dernières gouttes d'eau !
« Mmmm ! »	Se frotter délicatement le corps comme si l'on s'essuyait avec un drap de bain très doux.
Enfilons notre habit. Un habit, deux habits, trois habits !	Enfiler un habit, puis un deuxième, puis un troisième.
Un soulier, deux souliers, trois souliers !	Idem avec les souliers.
Une épée !	Enfiler l'épée dans son fourreau.
Peignons nos trois cheveux !	Se peigner.
Nous sommes presque prêts !	
Il ne nous reste qu'à poser le chapeau sur la tête !	
Un chapeau ! Deux chapeaux ! Trois chapeaux !	Poser un chapeau, puis un deuxième, puis un troisième.
Redressons-nous ; nous sommes des gentilshommes, prêts à aller nous promener.	Se redresser.
Promenons-nous dans la pièce en prenant garde de ne pas faire tomber les chapeaux !	Se promener fièrement dans la salle.
Admirons nos propriétés : une maison, deux maisons, trois maisons !	Déambuler en marquant des temps d'arrêt pour admirer les propriétés les unes après les autres.
Continuons notre promenade et distribuons quelques deniers.	Lancer des pièces comme un semeur.
Mais voici les chiens : un chien, deux chiens, trois chiens !	S'arrêter brusquement et regarder autour de soi.
Mais que se passe-t-il ? Courons, courons ! De plus en plus vite !	Courir sur place en accélérant progressivement.
Heureusement, un chat, deux chats, trois chats !	Continuer à courir.
Ouf ! Les chiens vont leur courir après !	Mimer la course en décélérant.
Nous pouvons souffler !	Pousser un grand soupir de soulagement. Bien ancré, stable sur les deux jambes, sans tension dans le corps, mimer le gentilhomme qui reprend son souffle. On veillera à alterner des souffles longs, courts, doux, toniques...
Nos pas nous ramènent vers notre demeure la plus proche dans laquelle une odeur alléchante nous accueille. De magnifiques gâteaux sont disposés sur la table. Nous nous délectons, nous soupirons de gourmandise devant de tels mets.	
« Ooh... », « Aah... », « Mmm... ».	Sonoriser les onomatopées en variant les effets.

Éveil vocal
Apprentissage de la ligne mélodique suivante :

Montée chromatique par demi-ton de *do* à *fa*.

Apprentissage du premier couplet, puis du refrain par imitation
Présenter une seconde fois la chanson aux élèves en les invitant à chanter le refrain, ainsi que les « réponses » des couplets non appris.

Séance 2

Objectif : apprendre les couplets du chant relatif à une des thématiques abordées :
- aspect vestimentaire de Cadet Rousselle (couplets 2, 3, 5, 6) ;
- possessions (couplets 1, 9, 10, 12) ;
- aspect esthétique (couplets 4 et 7) ;
- événements de sa vie (couplets 8, 11, 13).

Compétences visées :
- avoir une posture adaptée à la production sonore ;
- soigner l'articulation dans l'interprétation d'un chant ;
- placer correctement les respirations dans l'interprétation d'un chant ;
- tenir sa place et respecter les exigences liées à l'expression musicale collective.

Matériel :
- CD 1, plage 4 (*Cadet Rousselle*) ;
- CD 1, plage 5 (bande orchestre de *Cadet Rousselle*).

DÉROULEMENT

Verbalisation de la séance précédente.

Préparation corporelle et vocale : voir séance 1, p. 28-29.

Révision du premier couplet (vérification de l'exactitude mélodique et rythmique de la chanson apprise lors de la séance précédente).

Apprentissage des paroles des couplets choisis par l'enseignant (en fonction du nombre de couplets sélectionnés, une autre séance d'apprentissage du chant pourra s'avérer nécessaire).

Écoute de la chanson enregistrée. Relever les remarques des élèves (voix du chanteur, histoire complétée...). Faire raconter l'histoire. Plusieurs écoutes peuvent être faites en fonction du niveau de classe.

À partir du texte complet de la chanson, inviter les élèves à créer une nouvelle version de la chanson en choisissant des couplets relevant d'une thématique particulière (voir exemples, séance 1, p. 28).

Séance 3

Objectifs :
– écouter et analyser « La mère Gigogne et les polichinelles », extrait de *Casse-Noisette* ;
– reconnaître *Cadet Rousselle* dans l'extrait proposé.

Compétences visées :
– reconnaître une œuvre musicale préalablement étudiée ;
– exprimer les impressions ressenties face à une œuvre musicale dans un dialogue avec le groupe.

Matériel : CD 1, plage 6 (« La mère Gigogne et les polichinelles » extrait de *Casse-Noisette*)

PRÉSENTATION DE L'ŒUVRE

Titre : *Casse-Noisette*, op. 71

Compositeur : Piotr Ilitch Tchaïkovski

Genre : ballet-féerie (genre dramatique dont l'action est figurée par des pantomimes et des danses) en deux actes (3 tableaux, 15 scènes).

Instrumentation : orchestre symphonique (cordes, bois, cuivres, percussions, jouets d'enfants [hochet, tambour, coucou], chœur d'enfants ou de femmes, célesta).

LE COMPOSITEUR

Piotr Ilitch Tchaïkovski (1840-1893) est un compositeur russe de l'époque romantique. Il a composé de nombreuses œuvres dans des genres musicaux variés (opéras, symphonies, suites pour orchestre, concertos...) dont trois ballets : *Le Lac des cygnes*, *La Belle au bois dormant* et *Casse-Noisette*.

Représentant emblématique de la musique romantique russe par excellence, Tchaïkovski a développé le genre du ballet, considéré jusqu'alors comme mineur, en lui ajoutant une dimension symphonique.

Casse-Noisette est composé d'après un livret d'Ivan Vsevolojski et Marius Petipa. Les auteurs s'étaient inspirés d'un récit d'Alexandre Dumas, lui-même tiré du conte féerique d'E. T. A. Hoffmann : *Casse-Noisette et le Roi des souris*. Il fut présenté pour la première fois en 1892 au théâtre Mariinsky de Saint-Pétersbourg.

L'ŒUVRE

Cette fable est fondée sur le thème de l'amour et des forces du mal : l'intrigue raconte l'histoire d'une petite fille allemande prénommée Clara. Le soir de Noël, elle reçoit de son oncle un casse-noisette. Pendant la nuit, une merveilleuse féerie commence : dans le salon, les jouets s'animent et le casse-noisette se transforme en prince…

DESCRIPTION DU BALLET

L'acte I, premier tableau, présente la maison de la fillette le soir du réveillon, sa famille, les invités parmi lesquels un mystérieux oncle. C'est le moment de la distribution des cadeaux et Clara reçoit un casse-noisette en forme de soldat en costume de parade. Son frère, jaloux, brise l'objet. Réparé par l'oncle, le casse-noisette est déposé dans la maison de poupées de Clara. La soirée se termine, les invités rentrent chez eux, les enfants se couchent. Pendant la nuit, Clara se réveille et va voir son casse-noisette. Aux douze coups de minuit, des souris attaquent les jouets ; Clara les défend. Poursuivie, elle tente de s'enfuir mais rétrécit jusqu'à atteindre la taille d'une souris. Le casse-noisette prend vie, se transforme en prince charmant. À la tête de son armée, il défend Clara et tue le roi des souris.

Le deuxième tableau nous mène dans une forêt de sapins en hiver où Clara et le Prince se promènent, assistant au tourbillonnement des flocons de neige.

Dans le deuxième acte, troisième tableau, Clara et le Prince arrivent au palais enchanté du royaume des délices. Accueilli par la Fée Dragée et le Prince Orgeat, le Prince raconte la façon dont Clara l'a sauvé. De grandes festivités sont organisées pour accueillir les visiteurs ; de nombreuses danses sont exécutées par les serviteurs du royaume magique : la danse espagnole (le chocolat), la danse chinoise (le thé), la danse arabe (le café), la danse russe (trépak : danse folklorique ukrainienne), la danse de la mère Gigogne et des polichinelles (l'extrait proposé), la danse des mirlitons, la valse des fleurs… À l'issue de ce rêve merveilleux, Clara se réveille au pied du sapin avec un casse-noisette dans les bras.

Quelques variantes du livret existent selon que le texte suit plus ou moins rigoureusement le conte d'E. T. A. Hoffmann.

Plusieurs extraits de ce ballet sont connus des enfants, notamment « Danse de la fée Dragée », « Danse chinoise », « Danse des mirlitons », « Danse arabe », « Danse russe » et « Valse des fleurs » utilisés par Walt Disney dans le dessin animé *Fantasia*.

ANALYSE MUSICALE DE L'EXTRAIT

Alternance de deux thèmes sous la forme ABA.

00 min 00 s : introduction (tambourins, contrebasse, violoncelle).

00 min 04 s à 00 min 57 s : thème A, rythmé, virevoltant, tourbillonnant, rythme binaire.

00 min 58 s à 02 min 02 s : thème B, « Cadet Rousselle ».

La première partie du couplet est jouée par les flûtes et les hautbois (*legato**[1]) , la seconde partie par les cordes (*pizzicati**). Le refrain est interprété *legato* par les bois (clarinettes, hautbois, bassons, flûtes). Le tambourin à cymbalettes marque les 2e et 3e temps de la mesure sur le refrain de la chanson.

02 min 03 s : reprise du thème A avec variations puis accélération du tempo* et *crescendo** jusqu'au final de l'extrait.

[1] Les astérisques renvoient au glossaire.

DÉROULEMENT

ÉCOUTE LIBRE

Noter les remarques spontanées (style, impressions, instrumentation, reconnaissance de la mélodie de *Cadet Rousselle* ?).

ÉCOUTE DIRIGÉE

Demander aux élèves de repérer quelques éléments caractéristiques de l'œuvre (plusieurs écoutes seront nécessaires) :

- Combien de parties présente cet extrait ? (deux thèmes : A et B ou trois parties ABA). Le thème B est-il connu ? Demander aux élèves de le chanter.
- Demander aux élèves de se déplacer uniquement lorsqu'ils entendent le thème A. Même exercice pour le thème B. Veiller à ce que la vitesse de déplacement soit adaptée au tempo.
- Quels instruments sont utilisés ? En fonction du niveau de classe auquel on s'adresse, il s'agira de nommer soit les familles d'instruments, soit les instruments eux-mêmes.

Éléments d'évaluation

L'évaluation peut avoir comme objet de reconnaître une chanson traditionnelle connue des élèves dans une œuvre musicale instrumentale. Cette évaluation sera différée puisqu'elle nécessite en amont que la chanson traditionnelle à reconnaître dans l'extrait musical soit connue des élèves. Plusieurs extraits sont envisageables :

TITRE DES EXTRAITS « J'AI ÉCOUTÉ... »	CHANSON POPULAIRE « ASSOCIÉE » « J'AI RECONNU... »
Casse-Noisette de Piotr Ilitch Tchaïkovski, acte I, 1er tableau, arrivée de Drosselmeyer	*Bon voyage, Monsieur Dumollet*
Symphonie n° 1 dite « Titan » de Gustav Mahler, 3e mouvement « Feierlich and Gemassen » Musique Prim : http://bit.ly/1S43fB1	*Frères Jacques* interprété sur un mode mineur
Opéra bouffe *Barbe Bleue* de Jacques Offenbach, premières notes du final de l'acte I	*Il pleut, il pleut bergère*
Le Carnaval des animaux de Camille Saint-Saëns, 12e mouvement « Fossiles » Musique Prim : bit.ly/1UfJYQ6	*Ah ! vous dirais-je, Maman*
Douze variations sur *« Ah ! vous dirai-je, Maman »*, K. 265 de Wolfgang Amadeus Mozart	*Ah ! vous dirais-je, Maman*
Concerto comique n° 7, « La servante au bon tabac », de Michel Corrette [*allegro**]	*J'ai du bon tabac*

UN

PL

À

Un peu plus à l'est

PEU
US
L'EST

PARTIE 3

Ce duo permettra de découvrir l'univers musical des musiques d'Europe de l'Est et de repérer la pulsation selon des tempos différents.

SUPPORTS MUSICAUX UTILISÉS	*On est musiciens* de Marc Pinget *Danses populaires roumaines IV, V, VI* de Béla Bartók
NIVEAUX DE CLASSE	Grande section, CP, CE1
OBJECTIF PRINCIPAL DE LA SÉQUENCE	Interpréter un chant en variant la pulsation
COMPÉTENCES VISÉES	S'exprimer par le chant Reconnaître des œuvres musicales préalablement étudiées Découvrir quelques éléments culturels d'un autre pays
DESCRIPTION DE LA SÉQUENCE	Séance 1 : Apprentissage du chant Séance 2 : Découverte des instruments Séances 3 et 4 : Écoute des trois danses roumaines et mise en évidence de leurs caractéristiques Séance 5 : Interprétation du chant en variant le tempo (accélération) et avec accompagnement aux percussions en remplacement des onomatopées Éléments d'évaluation

Séance 1

Objectif : apprendre le chant *On est musiciens*

Compétences visées :
- avoir une posture adaptée à la production sonore ;
- repérer et reproduire avec justesse une phrase mélodique.

Matériel :
- CD 1, plage 7 (*On est musiciens*) ;
- CD 1, plage 8 (bande orchestre d'*On est musiciens*).

PRÉSENTATION DU CHANT

Ancien instituteur, Marc Pinget a exploité, durant toutes ses années d'enseignement, ses talents d'auteur, de compositeur et de musicien.

À ce jour, il a à son actif plusieurs milliers de représentations, plusieurs centaines de chansons dont presque deux cents ont fait l'objet d'un enregistrement et d'une édition.

Le chant *On est musiciens* est extrait de l'album *Gens du voyage gens du cirque* paru en 2005.

C'est un chant de forme couplet-refrain. Les onomatopées des couplets incitent à une utilisation de percussions.

ON EST MUSICIENS

Paroles et musique de Jean-Marie Gougeon et Marc Pinget

Introduction parlée

Tonton Bernard joue d'la guitar(e)
Et mon papa joue du tuba
Tata Lucett(e) joue d'la trompett(e)
Mamie Coco joue du piano

Introduction musicale

Refrain

Chez les tsiganes
De mamie au p'tit chien
Chez les tsigan(es)
On est musiciens
(bis)

Papa joue de la guitar(e)
Jusque dans la nuit très tard
Maman de l'accordéon
Ou bien du bandonéon
Et moi je joue avec eux *(4 fois)*
Blang, blang, blang...

Refrain

Mon tonton et ma tata
Jouent tous les deux du tuba
Mon cousin et ma cousin(e)
De la trompett(e) en sourdin(e)
Et moi je souffl(e) avec eux *(4 fois)*
Pouêt, pouêt, pouêt...

Refrain

Ma petit(e) sœur ding, dung, dong
Tap(e), tap(e), tap(e) sur des bidons
Mon frèr(e) sur un tambourin
Sur des trucs et des machins
Et moi je tap(e) avec eux *(4 fois)*
Tap(e), tap(e), tap(e)...

Refrain

Mamie chante des chansons
Sa voix ressembl(e) au violon
Quand papi chant(e) avec ell(e)
On dirait un violoncell(e)
Et moi je chant(e) avec eux *(4 fois)*
La, la, la...

Refrain

Chez les tsiganes
On est musiciens !

DÉROULEMENT

PRÉPARATION VOCALE ET CORPORELLE

L'enseignant montre l'exemple, les élèves répètent.

Éveil corporel
S'étirer/bailler.

La poupée de chiffon : se grandir au maximum puis relâcher le buste, tête en avant, bras relâchés, garder la position quelques instants puis remonter doucement en déroulant le dos et en finissant par la tête.

Basculer d'avant en arrière sur les pieds pour trouver sa position idéale (« racines » sous les pieds).

Les épaules : imaginer que l'on place un crayon dans le prolongement de son épaule puis une feuille et y dessiner des cercles (petits, grands, dans un sens puis dans l'autre), changer d'épaule.

Éveil du souffle
Placer les mains sous les côtes (les bouts des doigts doivent se toucher ; lors de l'inspiration, les doigts s'écartent car le ventre se gonfle et pendant l'expiration, ils se rejoignent).

Travailler la respiration abdominale : gonfler le ventre comme un ballon et le dégonfler progressivement (pour maîtriser l'expiration en vue du soutien), contrôler avec les mains.

Inspirer comme pour sentir une fleur ou un gâteau qui a un agréable parfum.

Pour que l'expiration soit la plus longue possible (souffle léger), quelques « images » peuvent aider :
- imiter un vent léger (la brise) ;
- expirer comme un serpent (« ssssss ») ;
- souffler sur une bougie pour en faire vaciller la flamme, sur une plume pour la maintenir en l'air, sur une balle de ping-pong pour la faire rouler, sur une vitre pour l'embuer, gonfler une bulle de savon sans la faire éclater.

Pour que l'expiration soit rapide (souffle puissant) :
- éteindre les bougies d'un gâteau d'anniversaire, souffler dans un ballon de baudruche ;
- imiter un vent puissant (la tempête).

Éveil vocal
Fusées ascendantes sur « ou, a » en accompagnant la voix avec un mouvement du bras, monter progressivement jusqu'à atteindre la note de départ du refrain (identique à celle des couplets).

Jeux de débit sur le texte du chant pour en améliorer la diction. Les phrases seront dites :
- lentement sans interruption ;
- en détachant chaque syllabe ;
- lentement mais « *forte** » ;
- rapidement mais « *piano** » ;
- en accélérant ;
- en ralentissant.

Ces diverses propositions pourront être progressivement abordées au cours des séances.

DÉCOUVERTE DE LA STRUCTURE ET APPRENTISSAGE DU CHANT

Écoute du chant
Recueillir les remarques des élèves.

Avez-vous repéré des éléments particuliers ? (Nom des instruments, onomatopées).

Est-ce que certains éléments se répètent ou sont entendus plusieurs fois ? (Éléments du refrain, et « moi je joue/souffle/tape/chante/avec eux »).

Préciser aux élèves les éléments qui correspondent au refrain de la chanson et ceux qui forment les couplets.

Apprentissage du refrain
Par mémorisation interne :
- l'enseignant chante le refrain *a cappella* dans son intégralité ;
- il reprend les deux premiers vers du refrain, les élèves les chantent dans leur tête avant de les reprendre collectivement ;
- procéder ainsi pour les deux vers suivants ;
- enchaîner le refrain.

Lors de cette phase, il faut être vigilant à la justesse.

Apprentissage des couplets
Apprentissage du texte en parlé-rythmé : veiller à l'articulation (au besoin, reprendre les jeux de débit travaillés au cours de l'échauffement).

Segmenter l'apprentissage par groupe de deux vers.

L'enseignant donne l'exemple, les élèves le répètent intérieurement puis le disent à voix haute.

Procéder ainsi pour les vers suivants.

Lors de cette phase, il faut être vigilant à l'articulation et à l'exactitude rythmique.

Placer la mélodie sur les couplets.

Pour les onomatopées, travailler la mélodie sur « lou » puis sur les différentes onomatopées citées dans la chanson avant de les remplacer par un accompagnement instrumental, plus esthétique. On veillera à choisir les instruments en fonction des sonorités évoquées par les onomatopées.

Séance 2

Objectif : connaître et reconnaître les instruments cités dans le chant

Compétence visée : repérer et distinguer différents timbres

Matériel :
- CD 1, plage 7 (*On est musiciens*) ;
- les étiquettes-instrument ;
- le coffret *Le Monde des instruments des origines à nos jours* (Fuzeau) ou *D'un instrument à l'autre* (Lugdivine) pour des écoutes isolées des instruments.

DÉROULEMENT

DÉCOUVRIR LES INSTRUMENTS CITÉS DANS LE CHANT

Repérer dans le texte les différents instruments cités (guitare, tuba, trompette, piano, accordéon, bandonéon, tambourin, violon, violoncelle) et associer le mot au bon visuel.

Une écoute des différents instruments sera proposée afin d'y associer aussi le son, même si l'acquisition de cette compétence, en cours de construction, ne sera pas évaluée.

On découvrira les instruments de manière progressive, parallèlement à l'apprentissage du chant.

Les instruments sont présentés ci-après dans l'ordre de leur apparition dans la chanson.

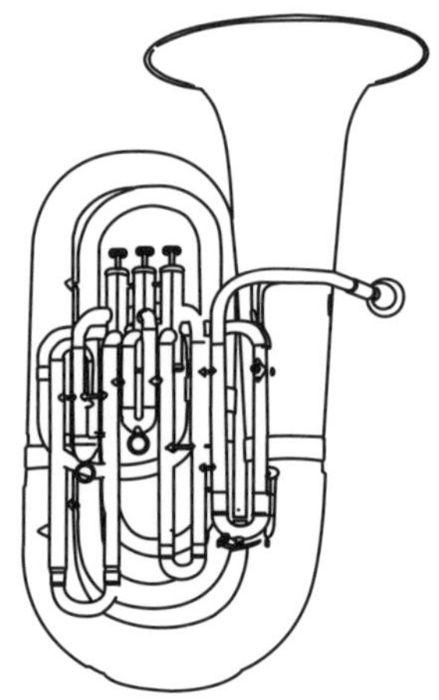

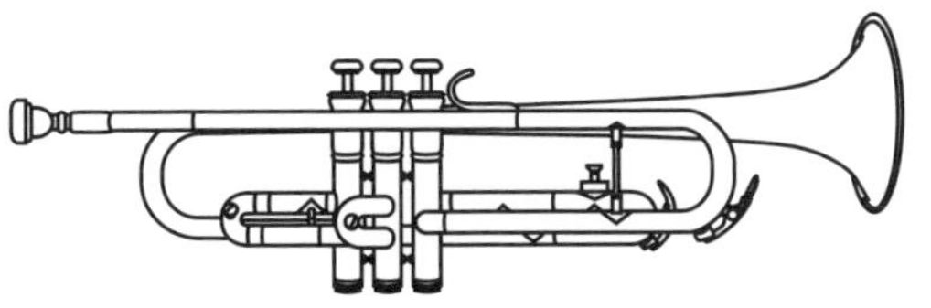

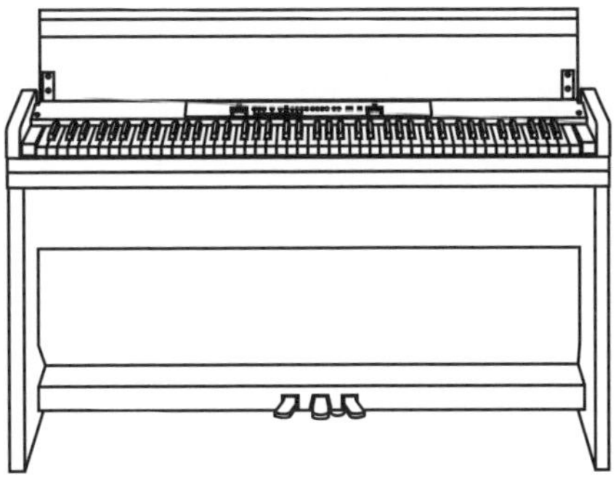

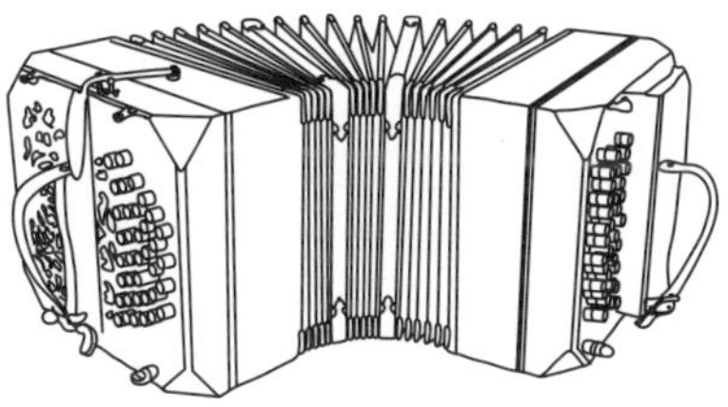

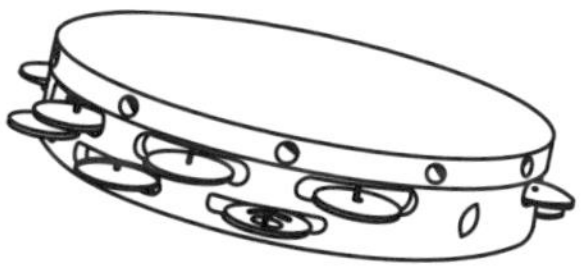

RECONNAÎTRE PROGRESSIVEMENT LES INSTRUMENTS CITÉS DANS LE CHANT

Afficher trois étiquettes-instrument au tableau (ou plus) :

- proposer à l'écoute un des instruments présentés. Les élèves doivent reconnaître et identifier l'instrument entendu. Il peut y avoir des intrus sonores ;
- proposer d'écouter successivement les trois extraits. Les élèves doivent reconnaître, identifier et ranger les instruments dans l'ordre entendu. Il peut y avoir des intrus visuels.

Proposer un loto sonore à partir des étiquettes-instrument en les plaçant de manière aléatoire sur la grille.

Séances 3 et 4

Objectifs :
- connaître les trois danses de Bartók ;
- repérer les modifications de tempo entre les danses (accélération).

Compétences visées :
- repérer une pulsation selon des tempos différents ;
- identifier les œuvres étudiées par leur titre et le nom du compositeur.

Matériel : CD 1, plages 10 à 12 (*Danses populaires roumaines IV, V, VI*)

PRÉSENTATION DE L'ŒUVRE

Titre : *Danses populaires roumaines IV, V, VI*

Compositeur : Béla Bartók

Genre : danses

Instrumentation : piano et violon

LE COMPOSITEUR

Béla Bartók (1881-1945) est un compositeur et pianiste hongrois. Pionnier de l'ethnomusicologie, il enregistre sur le vif nombre de morceaux de musique folklorique d'Europe de l'Est.

C'est à partir de 1905 qu'il commence à approfondir son intérêt récent pour la musique populaire hongroise. Grâce à sa rencontre avec Zoltán Kodály (musicien, compositeur et pédagogue hongrois) qui lui inculque la rigueur scientifique, il prend conscience de la nécessité de sauvegarder la mémoire musicale traditionnelle. Commence alors pour lui une véritable carrière d'ethnographe et d'ethnomusicologue. En compagnie de Kodály, il va parcourir les villages de Hongrie et Roumanie, recueillant des centaines de mélodies et chants populaires, les transcrivant et les enregistrant.

L'ŒUVRE

Les six *Danses populaires roumaines* sont d'abord écrites pour piano en 1915.

Ce n'est qu'en 1917 que Bartók réalise une transcription pour petit orchestre. Il souhaite, avec cet arrangement, préserver le caractère intime et alerte de ces danses en évitant l'écueil de l'orchestre symphonique.

Bartók n'est pas l'auteur de ces mélodies. Il les a recueillies au cours de plusieurs voyages à l'aide d'un phonographe.

Cet ensemble de danses est composé de six mouvements donnés de la manière suivante : en premier, le nom original hongrois, en deuxième, le nom roumain le plus communément admis et, enfin, la traduction en français entre parenthèses :
- I. *Bot tánc/Jocul cu bâtă* (danse du bâton) ;
- II. *Brâul* (danse du châle) ;
- III. *Topogó/Pe loc* (sur place) ;
- IV. *Bucsumí tánc/Buciumeana* (danse de Bucsum) ;
- V. *Román polka/Poarga Românească* (polka roumaine) ;
- VI. *Aprózó/Mărunțel* (minuscule ; danse rapide).

STRUCTURE DES DANSES

IV. *Buciumeana* (danse de Bucsum)
Le nom de cette danse se réfère à celui d'une petite ville de la province de Mures.

THÈME	a	a	b	b	a	a	b	b
INSTRUMENTS	Mélodie jouée au violon après 2 mesures d'introduction au piano				Mélodie jouée au violon à l'octave supérieure			
TEMPO	*Andante* (tempo lent, mélodie plaintive, rupture dans le tempo)							

V. *Poarga Românească* (polka roumaine)
Le titre de « *Poarga* » est une déformation d'un mot populaire de Transylvanie, « *Porka* », lui-même issu de la polka tchèque.

THÈME	a	a	b	b' légère suspension à la fin du thème	a	a	b	b'
INSTRUMENTS	Violon (thème) et piano (accompagnement sur les contretemps)							
TEMPO	*Allegro* (tempo plus rapide)							

VI. *Mărunțel* (minuscule ; danse rapide)
Mărunțel – prononcer « maroun-tsel » – désigne quelque chose de minuscule. En l'occurrence, les pas des danseurs s'ils veulent suivre ce rythme rapide provenant, comme la polka précédente, de la ville de Beius (en Hongrie). La dernière partie de la danse, enchaînée à la précédente sur un nouveau rythme de Maruntel (ville de Nyagra), offre une conclusion idéale à ce court cycle de danses transylvaines.

THÈME	abab	aabb'	aabb' (octave supérieure)	bb'c (toujours à l'octave)
INSTRUMENTS	violon et piano			
TEMPO	l'*istesso tempo* (= maintenir la même vitesse)	*allegro vivace (accelerando*)*		

Cette suite de danses présente une unité de style :
- toutes les danses sont construites en deux parties ;
- la phrase mélodique est toujours jouée deux fois.

DÉROULEMENT

ÉCOUTE DES TROIS DANSES

L'écoute des trois danses roumaines permettra de mettre en avant les différences de tempo (typique dans le folklore d'Europe de l'Est). On précisera aux élèves la nature de ces extraits, à savoir qu'il s'agit de danses traditionnelles.

Premières écoutes : découverte des danses. Elles pourront être effectuées à la suite ou à deux moments distincts en dehors des séances d'éducation musicale.

Déballage des remarques :
- timbres (instruments) et hauteurs (violon dans les aigus, piano) ;
- intensité (forte) ;
- tempo (accélération au fil des trois danses).

PERCEVOIR LES VARIATIONS DE TEMPO DE LA DANSE VI

Faire évoluer librement les élèves sur la totalité de l'extrait afin qu'ils repèrent ses caractéristiques (caractère dansant, joyeux, rupture, accélération), puis enchaîner avec l'écoute de la partie abab (jusqu'à 00 min 14 s).

Trouver une manière de se déplacer. On cherche ici un déplacement régulier sur la pulsation.

Faire écouter la deuxième partie aabb' jusqu'à 00 min 25 s.

Demander aux élèves ce qui change (tempo plus rapide).

Trouver une manière de se déplacer adaptée à ce nouveau tempo.

Enchaîner les déplacements du début à 00 min 25 s.

L'enchaînement permettra de percevoir le court moment de rupture entre les deux tempos.

Par la suite, l'accélération est moins nette. On pourra néanmoins faire évoluer les élèves sur la totalité de la danse.

Séance 5

Objectifs :
- s'exprimer par le chant ;
- réinvestir les variations de tempo dans le chant.

Compétence visée : adapter son interprétation aux variations de tempo de la bande orchestre

Matériel :
- CD 1, plage 7 (*On est musiciens*) ;
- CD 1, plage 9 (bande orchestre accélérée d'*On est musiciens*).

DÉROULEMENT

DÉCOUVERTE DE LA BANDE ORCHESTRE ACCÉLÉRÉE

Écouter la bande orchestre.

Recueillir les remarques, faire le lien avec la *Danse roumaine VI* de Bartók.

Sur la bande orchestre, reprendre le travail de pulsation effectué lors des séances 3 et 4 afin d'intégrer les modifications.

NOUVELLE INTERPRÉTATION DU CHANT

Chanter en tenant compte des modifications de tempo.

Reprendre le pont instrumental à la fin des couplets (en remplacement des onomatopées).

Éléments d'évaluation

L'évaluation peut consister à un classement d'extraits musicaux selon le tempo : fixe ou qui accélère.

Tempo fixe :
- *We Free Again* (CD 2, plage 22) ;
- « Le chœur des gamins » de *Carmen* (CD 2, plage 16).

Tempo qui accélère : « Dans le hall du roi de la montagne », extrait de *Peer Gynt* d'Edvard Grieg (*Partitions fantômes 18*[1]), *Yapadcha* (*Partitions fantômes 17*), *La Baba Yaga* (*Partitions fantômes* 18).

POUR ALLER PLUS LOIN

Écoutes complémentaires sur Musique Prim :
http://www.reseau-canope.fr/musique-prim/accueil.html
- *Musique pour cordes, percussions et célesta* de Béla Bartók, IVe mouvement : finale, *allegro molto* : http://bit.ly/1QelRgs
- *Danse hongroise n° 1 en sol mineur* de Johannes Brahms : http://bit.ly/1PFcMdQ

[1] Références en fin d'ouvrage.

DAN

LA

Dansons la salsa

SONS
SALSA

PARTIE 4

Les deux pièces complémentaires permettent de découvrir les principes de base rythmiques et mélodiques de la salsa, ainsi que les instruments caractéristiques du genre.

SUPPORTS MUSICAUX UTILISÉS	*Compère vous rêvez* de Laurent Lecuyer Medley salsa *Cocinando* et *Oye como va?* respectivement de Ray Barretto et Tito Puente
NIVEAUX DE CLASSE	GS, CP, CE1
OBJECTIF PRINCIPAL DE LA SÉQUENCE	Connaître et reconnaître la salsa
COMPÉTENCES VISÉES	S'exprimer par le chant Reconnaître des œuvres musicales préalablement étudiées Découvrir quelques éléments culturels d'un autre pays
DESCRIPTION DE LA SÉQUENCE	Séance 1 : Découverte du chant et de la salsa (danse) Séances 2, 3 et 4 : Apprentissage de *Compère vous rêvez* Séance 5 : deux chansons dans une seule musique, la salsa : instruments caractéristiques, repérage de rythmes et de pratiques instrumentales typiques Séance 6 : Structure du medley, encodage d'un musicogramme Éléments d'évaluation

Séance 1

Objectif : découvrir le chant *Compère vous rêvez* et ses caractéristiques

Compétences visées :
- repérer les éléments répétitifs du texte et de la mélodie ;
- percevoir les appuis et balancements caractéristiques de la salsa.

Matériel : CD 1, plage 13 (*Compère vous rêvez*)

PRÉSENTATION DU CHANT

Sur la base d'une rythmique de salsa, *Compère vous rêvez* (2011) s'organise sous forme de couplets et refrains entre lesquels s'articule une ritournelle chantée sous forme de question – réponse. Les paroles illustrent le thème du rêve de façon humoristique et joyeuse correspondant au caractère de cette musique à danser.

COMPÈRE VOUS RÊVEZ

Paroles et musique de Laurent Lécuyer

Introduction instrumentale

¡Salsa!
Pam padam pam pam, padadam. *(bis)*

Ah j'ai vu, j'ai vu !
Compèr(e), qu'as-tu vu ? } *(bis)*

J'ai vu un lion
Mettre ses chaussons
À pompons dorés,
Compèr(e), vous rêvez !

Ah j'ai vu, j'ai vu !
Compèr(e) qu'as-tu vu ? } *(bis)*

J'ai vu un gros chat
En barb(e) à papa
Qui jouait aux dés,
Compèr(e) vous rêvez !

Refrain
Rêvez, rêvez, compèr(e) vous rêvez ! *(bis)*

Intermède instrumental

¡Sabor!
Ah j'ai vu, j'ai vu !
Compèr(e) qu'as-tu vu ? } *(bis)*

J'ai vu l'araignée
Tordue qui dansait
À un bal masqué,
Compèr(e) vous rêvez !

Pam padam pam pam, padadam. *(bis)*

Ah j'ai vu, j'ai vu !
Compèr(e) qu'as-tu vu ? } *(bis)*

J'ai vu un lapin
Monter dans un train,
L(e) train s'est envolé,
Compèr(e) vous rêvez !

Refrain
Intermède instrumental
Refrain (bis)

Refrain espagnol
¡Sueña, sueña, usted si sueña! *(4 fois)*

DÉROULEMENT

PREMIÈRE ÉCOUTE

Après une première écoute, susciter les remarques des enfants, en particulier sur le caractère évocateur de cette musique en leur demandant : « Pour quelle raison cette musique est-elle écrite ? À quoi sert-elle ? Qu'est-ce qu'on a envie de faire quand on l'écoute ? »

Par ces questions, on fera émerger le caractère dansant et festif de cette musique.

Après une nouvelle écoute, on pourra repérer la répétition de certains éléments :

RITOURNELLE 1	RITOURNELLE 2	REFRAIN
Ah j'ai vu, j'ai vu ! Compèr(e) qu'as-tu vu ?	Compèr(e) vous rêvez !	Rêvez, rêvez, compèr(e) vous rêvez !

PERCEPTION ET MISE EN CORPS DES APPUIS ET BALANCEMENTS DE LA SALSA (PULSATION)

Réécouter le début de la chanson et frapper dans les mains la pulsation (lire un temps sur deux dans la partition) puis en tapant alternativement du pied gauche et du pied droit.

Apprentissage du pas de base de la salsa (toujours en musique et sur la pulsation) : un pas à gauche, pieds joints, un pas à droite, pieds joints. Pour les plus jeunes, on pourra privilégier un balancement d'un pied sur l'autre.

IDENTIFICATION DE LA RITOURNELLE 1

Danser sur l'ensemble de la musique en utilisant le pas de base ou le balancement et s'arrêter quand on entend la ritournelle 1 « Ah j'ai vu, j'ai vu ! Compèr(e) qu'as-tu vu ? »

Séance 2

Objectif : apprendre les ritournelles et le refrain de *Compère vous rêvez*

Compétences visées :
- repérer et reproduire avec justesse une phrase mélodique ;
- repérer et reproduire avec exactitude une formule rythmique ;
- tenir sa place et respecter les exigences liées à l'expression musicale collective.

Matériel : CD 1, plage 14 (bande orchestre de *Compère vous rêvez*)

DÉROULEMENT

PRÉPARATION VOCALE ET CORPORELLE

Éveil corporel
« J'ai vu un lion mettre ses chaussons » : lever un pied, tourner la cheville, mimer le geste d'enfiler un chausson, puis reposer pieds joints, *idem* avec l'autre pied.

« J'ai vu un lapin monter dans un train » : courir sur place, lentement puis de plus en plus vite et, enfin, en ralentissant (pour attraper le train).

« J'ai vu l'araignée tordue qui dansait » : tourner les genoux, puis le bassin, puis les épaules, puis le cou.

« J'ai vu un gros chat qui jouait aux dés » : déverrouiller les articulations, poignets et doigts.

Éveil du souffle
C'était une nuit agitée, il faut chasser les mauvais rêves... De chaque animal !
– Ceux du chat en soufflant sur « pfffft ».
– Ceux du lapin en soufflant sur « tssst ».
– Ceux du lion en soufflant sur « grrr ».

Éveil vocal
Après avoir chassé ces cauchemars, les élèves peuvent chanter avec joie.

Chanter en montant par demi-ton (de *ré* à *sol*) la mélodie de l'introduction (« pam padam pam pam, padadam ») après l'avoir prononcée avec plusieurs intentions (fâché, triste, joyeux, endormi...).

APPRENTISSAGE DES RITOURNELLES
Apprendre les deux ritournelles par imitation, puis partager la classe en deux et attribuer une phrase de la ritournelle 1 à chaque groupe. La ritournelle 2 est chantée par l'ensemble des élèves.

Sur la bande orchestre, chanter en question-réponse avec l'enseignant :

Groupe 1 : « Ah j'ai vu, j'ai vu ! »

Groupe 2 : « Compèr(e), qu'as-tu vu ? » (*bis*)

Enseignant :

« J'ai vu un lion
Mettre ses chaussons
À pompons dorés, »

Tous les élèves : « Compèr(e), vous rêvez ! »

Et ainsi de suite.

APPRENTISSAGE DU REFRAIN
Chanter *a cappella* en question-réponse avec l'enseignant, puis sur la bande orchestre, à chaque passage du refrain : « Rêvez, rêvez, compèr(e) vous rêvez ! »

Séance 3

Objectif : apprendre les couplets

Compétences visées :
- repérer et reproduire avec justesse une phrase mélodique ;
- repérer et reproduire avec exactitude une formule rythmique ;
- tenir sa place et respecter les exigences liées à l'expression musicale collective.

Matériel : CD 1, plage 14 (bande orchestre de *Compère vous rêvez*)

DÉROULEMENT

PRÉPARATION VOCALE ET CORPORELLE

Voir séance 2.

APPRENTISSAGE DES COUPLETS

Apprentissage *a cappella* du premier couplet par imitation en procédant vers par vers. Idem pour le deuxième couplet.

Enchaîner les deux couplets sur la bande orchestre en répartissant la classe en deux groupes cette fois-ci :

Groupe 1 : « Ah j'ai vu, j'ai vu ! »

Groupe 2 : « Compèr(e), qu'as-tu vu ? » (*bis*)

Groupe 1 :
« J'ai vu un lion
Mettre ses chaussons
À pompons dorés, »

Groupe 2 : « Compèr(e), vous rêvez ! »

Le refrain sera chanté par tous les élèves.

Séance 4

Objectif : apprendre les couplets

Compétences visées :
- repérer et reproduire avec justesse une phrase mélodique ;
- repérer et reproduire avec exactitude une formule rythmique ;
- tenir sa place et respecter les exigences liées à l'expression musicale collective.

Matériel : CD 1, plage 14 (bande orchestre de *Compère vous rêvez*)

DÉROULEMENT

Apprentissage des couplets 3 et 4, ainsi que les compléments de paroles (onomatopées et paroles en espagnol).

Avec la bande orchestre, enchaîner toute la chanson en mettant en place l'organisation par groupe, ainsi que la partie dansée sur les refrains.

Séance 5

Objectifs :
- reconnaître le timbre du piano, de la contrebasse, de quelques percussions et vents ;
- connaître un procédé de composition : l'accumulation.

Compétences visées :
- repérer les grandes familles d'instruments ;
- discriminer le timbre des instruments dans une écoute polyphonique.

Matériel :
- CD 1, plage 15 (medley *Cocinando* et *Oye como va?*) ;
- étiquettes avec les instruments ;
- quatre bandes de papier de couleur.

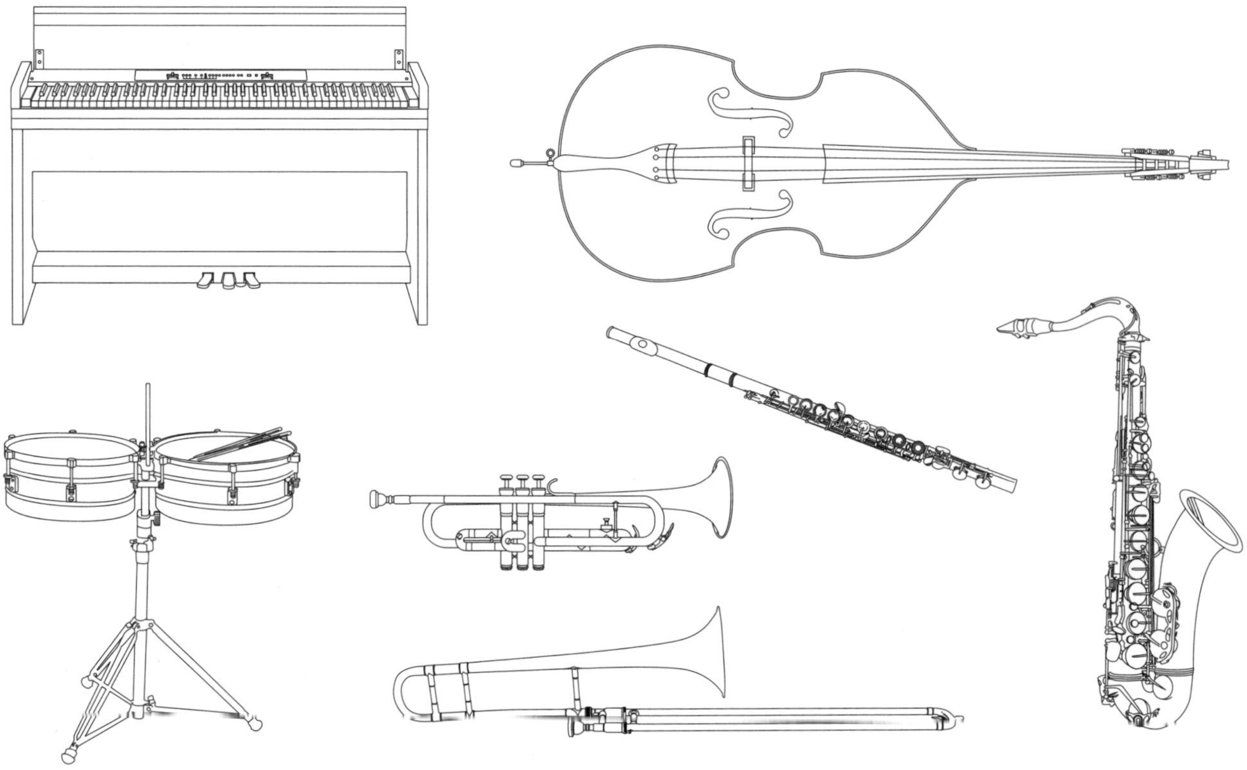

PRÉSENTATION DE L'ŒUVRE

Titre : medley salsa *Cocinando* et *Oye como va?*

Compositeur : Ray Barretto (1972) et Tito Puente (1962)

Genre : orchestre combo latino

Instrumentation : piano, contrebasse, percussions latines, trompette, trombone, flûte, saxophone et voix

HISTOIRE DE LA SALSA

Partie intégrante de la musique américaine, la salsa représente les racines « latino » de celle-ci, nourrie des influences d'Amérique latine et d'Amérique du Sud.

Avant les années 1960, la musique américaine est dominée par l'aire des grands big bands et des orchestres orientés vers le rythm and blues et la soul music.

En 1966, les jeunes des quartiers latinos veulent en finir avec les big bands ringards et les chemises à jabot. Ils lancent le « boogaloo », qui mâtine rock, soul, rythm and blues et rythmes afro-cubains. En 1971, le modeste label new-yorkais Fania rassemble ses meilleurs musiciens et chanteurs de salsa sous le nom de « Fania All-Stars » et les fait débuter au Cheetah, un club du Bronx. Le film *Our Latin Thing* de Leon Gast (1972) va populariser cette nouvelle musique : la salsa est née.

En 1973, les Fania All-Stars, composés principalement de Ray Barretto, Manu Dibango, Mongo Santamaria et Jorge Santana (le plus jeune frère de Carlos Santana), se produisent devant 50 000 spectateurs au Yankee Stadium de New York. Le succès est bientôt planétaire, porté notamment par la chanteuse cubaine Celia Cruz. Un étudiant d'Harvard rejoindra ensuite le groupe : Rubén Blades, offrant à la salsa des textes plus intellectuels et engagés politiquement. À la fin des années 1970, l'enthousiasme pour le genre décline. À cette époque, Celia Cruz importe la salsa en France, notamment à Paris.

Les rythmes et mélodies répétitives (*ostinato**) joués par le piano s'appellent les « montunos » et ceux joués par la basse sont les « tumbaos », rythmes très syncopés caractéristiques de la salsa. Il faut y ajouter le rôle fondamental des percussions, notamment celui des timbales et des congas, sans oublier les claves, guiros et cloches qui « pilotent » l'ensemble de la salsa en lui imposant de subtils changements rythmiques.

La salsa reste à ce jour l'un des modes d'expression les plus populaires du monde latino-américain et l'engouement pour cette forme de danse sensuelle est revenu au goût du jour. Musique faisant la part belle à l'improvisation, elle est également très prisée par bon nombre de musiciens.

DÉCOUVERTE DU MEDLEY

Écoute de l'œuvre en deux fois au moins (du début à 02 min 30 s puis de 02 min 30 s jusqu'à la fin)
Déballage de remarques : avez-vous déjà entendu ce genre de musique ? À quelle autre chanson que vous connaissez vous fait-elle penser ? Qu'est-ce qui est pareil ? (une partie des instruments, le caractère dansant) ; qu'est-ce qui est différent ? (le tempo, les voix chantées). On attend ici que les élèves fassent le lien avec *Compère vous rêvez*.

Écouter les parties chantées : les paroles sont-elles en français ? (en espagnol).

Dire aux élèves qu'il y a deux chansons différentes dans cette musique : *Cocinando suave* et *Oye como va?* et pourtant on ne s'en rend pas compte. Comment l'expliquer ? (pas d'arrêt, instruments et rythmique identiques).

Il est possible de faire chanter le début de ces chansons sur la musique.

REPÉRAGE DES INSTRUMENTS

Réécouter la musique (du début à 00 min 40 s)

Quand les élèves entendent un instrument, ils le montrent sur l'étiquette le représentant.
Diviser ensuite les élèves en quatre groupes représentant un instrument ou groupe d'instruments : piano, contrebasses, percussions, vents.

Se déplacer (en marchant sur la pulsation) quand on entend son groupe et continuer tant qu'on l'entend.

Changer de groupe.

Puisque tous les groupes se déplacent ensemble à un moment, c'est que tous les instruments jouent.

Dire aux élèves qu'on va représenter cela sur du papier pour en faire une partition.

ENCODAGE D'UN MUSICOGRAMME

Il s'agit d'écrire une partition de la structure de ce qu'on entend du début du medley à 00 min 57 s. Les instruments sont représentés dans l'ordre de leur apparition et symbolisés par une bande continue tant qu'ils jouent. La flèche indique le sens de lecture.

DÉCODAGE DU MUSICOGRAMME CRÉÉ

Pour aller plus loin ou pour les plus âgés, on pourra faire lire le musicogramme en déplaçant un stylet sur l'ensemble, afin de déclencher les sons au fur et à mesure de leur apparition.

Chaque instrument sera associé à un objet sonore de l'école (piano = métallophone, contrebasse = tube sonore, percussions = claves, cuivres = grelots).

EXEMPLE DE MUSICOGRAMME POUR L'INTRODUCTION

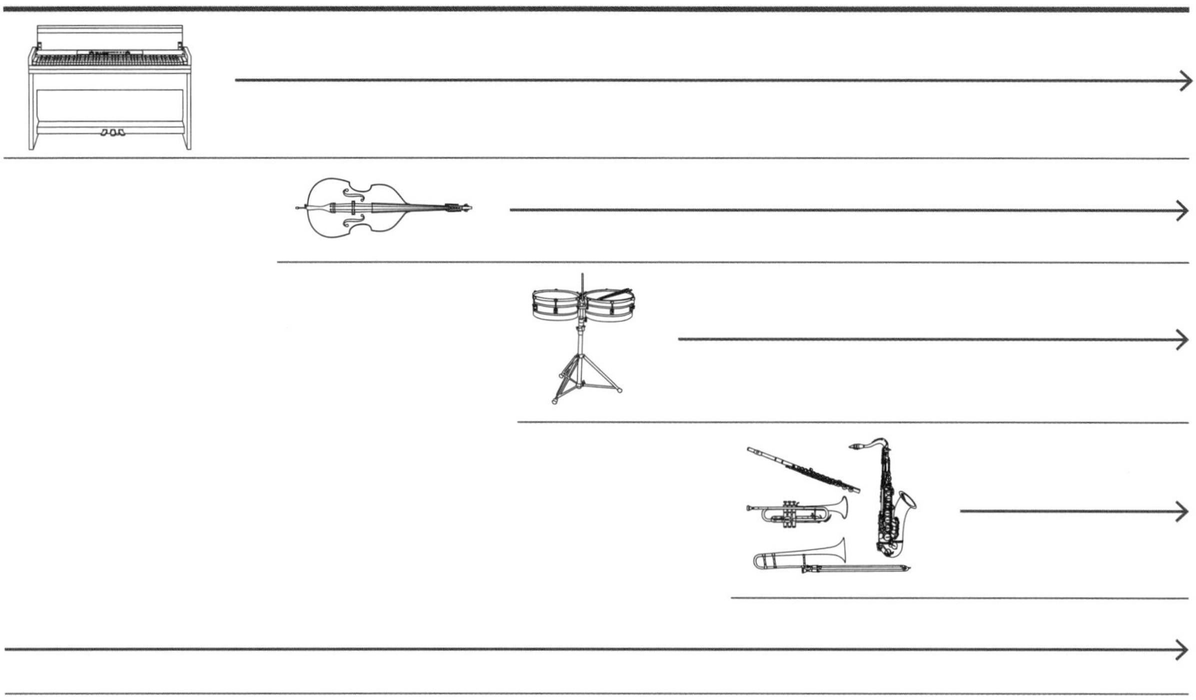

POUR ALLER PLUS LOIN

On pourra faire repérer le montuno (reprise en boucle d'une cellule mélodique et rythmique par le piano) et le tumbao (*idem* par la contrebasse). Pour cela, concentrer son écoute sur l'instrument en question durant l'introduction.

On peut ajouter les voix dans le musicogramme jusqu'à 01 min 00 s.

Écouter d'autres musiques cubaines et groupes de salsa sur YouTube, www.youtube.com, par exemple :
- Orlando Poleo y su Chaworo ;
- Celia Cruz y Johnny Pacheco.

Éléments d'évaluation

L'évaluation peut avoir pour objet de faire identifier au moins une musique de salsa parmi d'autres :
- la valse de Tchaïkovski « La mère Gigogne et les polichinelles », extraite de *Casse-Noisette* (CD 1, plage 6, à partir de 0'58) ;
- un rock : *Rock Around the Clock* de Bill Haley (rythme binaire) ;
- une polka ou une mazurka de Chopin (rythme à deux temps bien marqués) ;
- un reggae : *We Free Again* de Groundation (CD 2, plage 22) ;
- une salsa : *La vida es un carnaval* de Celia Cruz ;
- un swing : *In the Mood* de Glenn Miller (Musique Prim : bit.ly/1QXEVSc).

BRRR

J'AI

Brrr ! J'ai peur

! PEUR

PARTIE 5

Ce duo va permettre de découvrir deux procédés de composition : un *ostinato** (chant) et une trame sonore avec émergences (écoute) et de les réinvestir dans l'interprétation d'un chant.

SUPPORTS MUSICAUX UTILISÉS	*Brrr ! J'ai peur* de Jean Humenry « Musique d'insectes et de rainettes », extrait de *L'Enfant et les Sortilèges* de Maurice Ravel
NIVEAUX DE CLASSE	CP, CE1
OBJECTIF PRINCIPAL DE LA SÉQUENCE	Réutiliser les deux procédés de composition dans l'interprétation du chant : paysage sonore mystérieux avec une trame sonore et des émergences en introduction du chant, *ostinato* rythmique pendant le refrain
COMPÉTENCES VISÉES	S'exprimer par le chant Apprendre à discriminer des sons Reconnaître des œuvres musicales préalablement étudiées Repérer et reproduire une formule rythmique (produire un *ostinato*) Inventer et réaliser un paysage sonore
DESCRIPTION DE LA SÉQUENCE	Séances 1 et 2 : Apprentissage du chant *Brrr ! J'ai peur* avec mise en place d'un *ostinato* Séance 3 : Écoute de l'extrait de *L'Enfant et les Sortilèges* de Maurice Ravel Séances 4 à 6 : Création d'un paysage sonore Séance 7 : Interprétation du chant Éléments d'évaluation

Séances 1 et 2

Objectifs :
- apprendre le chant *Brrr ! J'ai peur* ;
- créer un accompagnement rythmique (*ostinato*) sur le refrain.

Compétences visées :
- placer correctement les respirations dans l'interprétation d'un chant ;
- repérer et reproduire avec justesse une phrase mélodique ;
- reproduire avec exactitude une formule rythmique sous la forme d'un *ostinato*.

Matériel :
- CD 1, plage 16 (*Brrr ! J'ai peur*) ;
- CD 1, plage 17 (bande orchestre de *Brrr ! J'ai peur*).

PRÉSENTATION DU CHANT

Jean Humenry est un chanteur et compositeur français.

Un grand nombre de ses productions est à destination du jeune public. Il s'est aussi orienté vers les ateliers d'écriture avec des enfants, dans lesquels plus de 450 chansons ont été écrites.

Brrr ! J'ai peur est extrait de l'album *Je monte mon spectacle – enquête au pays des cinq sens ou le fantôme des baskets vides* paru en 2009. Les paroles et la musique sont de Jean Humenry, l'histoire du recueil est de Gaëtan de Courrèges.

La structure du chant est couplet-refrain (chanté deux fois). Les couplets sont écrits avec des rimes plates (ou suivies) : AABBCC.

BRRR! J'AI PEUR

Paroles et musique de Jean Humenry

Introduction instrumentale

Refrain

Brrr ! J'ai peur
Je claqu(e) des dents
Ah ! Mon cœur
C'est effrayant ! *(bis)*

Une chauv'souris
Tourne dans la nuit
Une gross(e) fourmi
Me fait des guilis
Un gros rat grimp(e) au grenier
Pour croquer tout(es) mes poupées

Refrain

Un(e) vieill(e) araignée
Danse sur mon nez
Un hibou bossu
Fait turlututu
Un loup sort du fond du bois
Pour jouer d'l'harmonica

Intermède musical

Refrain

Un(e) affreus(e) sorcièr(e)
Volant dans les airs
Me jett(e) sur les yeux
Un crapaud visqueux
Un gros ogre bleu et gris
Engloutit tous mes amis

Refrain

DÉROULEMENT

On répartira l'apprentissage du chant sur deux séances.

ÉCOUTE DE LA CHANSON

De quoi parle ce chant ? Recueillir les remarques des élèves.

Peut-on repérer des éléments particuliers dans le texte ou dans l'accompagnement ? Des éléments se répètent-ils ?
- Une partie se répète (le refrain).
- Présence d'onomatopées dans le texte.
- Alternance des couplets et des refrains.
- L'accompagnement de la guitare est répétitif (*ostinato**).

PRÉPARATION VOCALE ET CORPORELLE

Éveil corporel

Les élèves sont disposés en cercle. L'enseignant est lui-même dans le cercle où il est meneur et acteur.

Passer de la position du hibou bossu à l'araignée qui va s'étirer : démarrer par une position en boule, dérouler le dos et s'étirer jusqu'aux doigts.

S'ancrer dans le sol : donner l'image d'un arbre du jardin (les jambes formeraient le tronc, les pieds seraient les racines et la tête la cime). Basculer d'avant en arrière (associer l'exercice proposé pour l'éveil du souffle), de droite à gauche et revenir au centre afin de trouver un bon équilibre.

Étirer ses bras comme pour imaginer les branches de l'arbre qui poussent.

Faire danser une araignée (ses mains) sur son visage, sur son corps, sur le dos d'un camarade…

Éveil du souffle

Reprendre l'exercice « s'ancrer dans le sol » : inspirer sur la pointe des pieds ; expirer sur les talons, tout en basculant d'avant en arrière et de droite à gauche.

Même chose de manière statique, en veillant bien à ses racines. Pour rappel : la respiration doit être abdominale.

Éveil vocal – jeux vocaux

Fusées ascendantes* (montée linéaire du grave vers l'aigu de la voix) et descendantes (descente linéaire de l'aigu vers le grave) sur « Ah » ou « Brrr » en accompagnant le son par un geste de montée ou de descente.

Trame
- Jeu du furet : faire passer un son au voisin qui le passera à son tour à son voisin. Ex. : une bribe de conversation non articulée, un son, une mélodie improvisée.
- Marmite à sons : travail d'exploration sonore, jeu de « mise en bouche » du son et d'invention vocale. Chacun pêche un son dans la marmite, joue avec et le passe à un autre enfant qui le transforme.

Pour ces deux jeux, le son ne doit jamais s'arrêter.

Émergences
- Choisir un mot – prénom, « bonjour » ou autre mot – et le dire en exprimant une émotion. Ex. : triste, endormi, gai, inquiet, timide, plaintif, autoritaire, gourmand, en colère.
- Le dire ensuite librement, en variant les paramètres du son (intensité, tempo, hauteur, timbre). Ex. : chuchoté, murmuré, crié, rapide, lent, haché, lié, grave, aigu, en sirène, en voix de tête, en voix de nez, en voix de gorge, en voix de crécelle…

Trame et émergences
- Répartir plusieurs caissettes au sol, ne dire ou chanter son prénom (ou l'autre mot choisi) que lorsqu'on est perché.
- Créer un tapis sonore uni en demandant aux élèves d'émettre un son continu (« chchch », « sssss », « ououou », « fffff », cf. « marmite à sons »).
- Faire émerger chacun son tour son prénom.

APPRENTISSAGE DU CHANT

Le refrain scandé
Les élèves apprennent le texte par imitation.

Dire le texte en le rythmant (le scander) et les élèves répètent.

Procéder ainsi phrase par phrase puis enchaîner le refrain.

On veillera ici à dire le texte en variant l'intention musicale (émotions, sentiments).

Le refrain chanté
De la même manière, procéder ensuite à l'apprentissage du refrain dans sa version chantée.

Point de vigilance : justesse de l'intervalle entre « dents » et « ah ».

APPRENTISSAGE DU PREMIER COUPLET

Réécouter le premier couplet.

Remarquer que les deux premières « phrases » (les quatre premiers vers) sont chantées sur la même mélodie.

Apprendre ces deux phrases par imitation. Si les élèves rencontrent des difficultés dans l'apprentissage, dissocier le texte de la mélodie.

Chanter plusieurs fois les deux derniers vers pour en faciliter leur mémorisation.

Les élèves écoutent et les chantent intérieurement (dans leur tête) avant de les chanter collectivement.

Enchaîner le premier couplet.

Enchaîner les refrains et le premier couplet.

APPRENTISSAGE DES COUPLETS 2 ET 3

Sur le même mode opératoire que pour le premier couplet, apprendre progressivement les couplets 2 et 3.

Au fil de l'apprentissage, enchaîner les couplets et le refrain.

APPRENTISSAGE DE L'*OSTINATO*

Scander en boucle : « Brrr ! J'ai peur » en chuchotant.

Accompagner « Brrr ! J'ai peur » par des percussions corporelles en scandant le texte à voix haute puis intérieurement : frappés sur les cuisses, le torse, claquements de doigts...

Mise en place de la polyphonie. Partager la classe en deux groupes :
- un groupe scande « Brrr ! J'ai peur », l'autre chante le refrain ;
- un groupe frappe le rythme « Brrr ! J'ai peur », l'autre chante le refrain.

Il sera nécessaire d'alterner les rôles.

CHANT AVEC *OSTINATO*

Travailler le chant en installant cet *ostinato* sur les refrains.

On pourra alterner les propositions rythmiques, par exemple :
- 1er refrain : *ostinato* sur « Brrr ! J'ai peur » chuchoté ;
- 2e refrain : *ostinato* en percussions corporelles sur les cuisses ;
- 3e refrain : *ostinato* en percussions corporelles sur le buste ;
- 4e refrain : *ostinato* en alternant les percussions corporelles (cuisses/buste).

En fonction des capacités des élèves, l'*ostinato* pourra progressivement être joué sur toute la chanson.

On saisira toutes les occasions pour revoir ce chant au fil de la séquence.

Séance 3

Objectif : écoute et analyse de « Musique d'insectes et de rainettes », extrait de *L'Enfant et les Sortilèges*

Compétences visées :
- repérer et distinguer les variations d'intensité ;
- repérer et distinguer les différents timbres ;
- exprimer les impressions ressenties face à une œuvre musicale dans un dialogue avec le groupe.

Matériel : CD 1, plage 18 (« Musique d'insectes et de rainettes », extrait de *L'Enfant et les Sortilèges*)

PRÉSENTATION DE L'ŒUVRE

Titre : tableau « Musique d'insectes et de rainettes » de *L'Enfant et les Sortilèges*

Compositeur : Maurice Ravel

Genre : fantaisie lyrique en deux actes

Livret : Colette

Instrumentation : l'œuvre est écrite pour un orchestre symphonique auquel ont été ajoutés une flûte à coulisse, des crotales, un fouet, une crécelle, une râpe à fromage, des wood-blocks, un éoliphone (ou héliophone, pour imiter le vent) et un luthéal.

LE COMPOSITEUR

Maurice Ravel (1875-1937) est un compositeur français, né au Pays basque. Il passe son enfance à Paris et commence le piano à sept ans. Entré au conservatoire de Paris en 1889, il devient l'élève de Gabriel Fauré à vingt ans en classe de composition.

Son style très indépendant est à la fois limpide et enthousiasmant. Il s'intéresse aussi bien à la musique pour piano (*Le Tombeau de Couperin*, suite de six pièces pour piano) qu'à la musique orchestrale (*Les Contes de ma mère l'Oye* ; *Daphnis et Chloé*, commandé par les Ballets russes ; *Le Concerto pour la main gauche*, œuvre écrite pour le pianiste Paul Wittgenstein, amputé de son bras droit lors de la Première Guerre mondiale ; orchestration des *Tableaux d'une exposition* de Moussorgski, le *Boléro*), la musique de chambre ou encore la musique vocale (*L'Enfant et les Sortilèges*).

Ravel est un compositeur marquant du début du XXe siècle. Curieux, insatiable, il est, par certains côtés, à l'origine d'une recherche de l'inédit sonore propre à ce siècle par son utilisation d'instruments incongrus.

LA LIBRETTISTE

Sidonie-Gabrielle Colette, dite Colette (1873-1954) est une femme de lettres française, connue surtout comme romancière, mais qui fut aussi mime, actrice et journaliste. Elle est, en outre, la première femme présidente de l'académie Goncourt, entre 1949 et 1954. En 1953, la romancière obtient la légion d'honneur. Une attention croissante à la justesse des mots, notamment lorsqu'ils sont chargés d'exprimer l'effusion dans la nature alliée à une sensualité librement épanouie, fait d'elle un auteur à part dont la production se différencie de ses contemporains par les sujets qu'elle aborde. Femme d'exception, elle revendique, au travers de son écriture, les droits de la chair sur l'esprit et ceux de la femme sur l'homme. Plusieurs de ses livres ont été adaptés au théâtre et au cinéma.

L'ŒUVRE

L'Enfant et les Sortilèges est une succession de dix-sept tableaux indépendants juxtaposant une multitude de genres musicaux (jazz, fox-trot, ragtime, polka, valse, musique médiévale, musique chinoise...).

C'est l'occasion pour Ravel de démontrer l'ampleur de son génie orchestral. Pour traduire les onomatopées dont regorge le livret de Colette, il fait appel à des instruments pour le moins inhabituels : râpe à fromage, crécelle à manivelle, fouet, crotales, wood-blocks, éoliphone, flûte à coulisse.

Plus proche des actuelles comédies musicales que d'un opéra, *L'Enfant et les Sortilèges* est une œuvre sans équivalent dans le répertoire de Ravel. Elle exprime la sensibilité du compositeur en même temps que son goût pour la féerie, et la minutie de son orchestration. Son art s'accommode à merveille avec l'humour et le non-conformisme de Colette. Le 21 mars 1925 est donnée la première représentation à l'opéra de Monte-Carlo. L'immense succès qu'elle reçoit alors ne s'est jamais démenti depuis, aussi bien auprès des enfants que des adultes (car les niveaux d'interprétation sont nombreux).

ARGUMENT*

Dans une vieille maison de campagne, au beau milieu de l'après-midi, un enfant de sept ans est assis, grognon, devant ses devoirs d'école. Sa mère entre dans la pièce et se fâche devant la paresse de son fils. Puni à rester seul dans sa chambre, il est saisi d'un accès de colère et s'en prend à tout ce qui lui tombe sous la main : il jette la tasse chinoise et la théière, martyrise l'écureuil dans sa cage, tire la queue du chat ; il attise la braise avec un tisonnier, renverse la bouilloire ; il déchire son livre, arrache le papier peint, démolit la vieille horloge. « Je suis libre, libre, méchant et libre !... » Épuisé, il se laisse tomber dans le vieux fauteuil... mais celui-ci recule.

Commence alors le jeu fantastique. Tour à tour, les objets et les animaux s'animent, parlent et menacent l'enfant pétrifié. Dans la maison puis dans le jardin, les créatures exposent une à une leurs doléances et leur volonté de vengeance. Alors que l'enfant appelle sa maman, toutes les créatures se jettent sur lui pour le punir.

Mais avant de s'évanouir, il soigne un petit écureuil blessé dans le tumulte. Prises de regret, les créatures lui pardonnent et le ramènent à sa mère en l'appelant en chœur avec lui. L'œuvre se termine par les deux syllabes chantées par l'enfant : « ma-man ».

PRÉSENTATION DU TABLEAU

Tableau 13 « Musique d'insectes et de rainettes », indications portées sur le livret :

« DEUXIÈME PARTIE

Le Jardin

(Le Chat va rejoindre la Chatte. L'Enfant le suit peureusement, attiré par le jardin. À ce moment, les parois s'écartent, le plafond s'envole et l'enfant se trouve, avec le Chat et la Chatte, transporté dans le jardin éclairé par la même lune et la lueur rose du couchant. Des arbres, des fleurs, une toute petite mare verte, un gros tronc vêtu de lierre.) Musique d'insectes, de rainettes, de crapauds, de rires de chouettes, de murmures de brise et de rossignols.

L'enfant (ouvrant ses bras) : "Ah ! Quelle joie de te retrouver, Jardin !" »

ANALYSE DU TABLEAU

L'enfant suit les chats dans le jardin. Il fuit les sortilèges pour affronter à présent les plaintes des animaux et des plantes qu'il a blessés.

Ravel crée un paysage sonore fait d'onomatopées vocales (« côâc », « ké ké ké ») imitant les cris des animaux du marécage et d'une flûte traversière imitant le chant des oiseaux. L'atmosphère est très suggestive.

PARTIE A: JUSQU'À 00 MIN 50 S

PLANS SONORES	*Glissandos** de flûte à coulisse	À partir de 00 min 16 s : flûte *piccolo** : notes dans l'aigu, légères, aériennes
	Tapis sonore joué par les cordes : notes longues, proches, longs accords	
INTENTION	Effet d'eau dormante	
NUANCE, CARACTÈRE	Mouvement très lent Nuance *piano*	

PARTIE B: DE 00 MIN 50 S À 01 MIN 13 S EN OPPOSITION À LA PARTIE A

PLANS SONORES	Arrivée sourde des voix d'hommes et de femmes en polyrythmie* sur des onomatopées : « côâc », « ké ké ké » Émergence de bruits d'animaux des marécages : les rainettes
	Tapis sonore joué par les cordes : notes longues, proches, longs accords
INTENTION	Effet d'eau dormante avec émergence des bruits d'animaux
NUANCE, CARACTÈRE	Nuance *crescendo* jusqu'à *forte* puis *diminuendo**

RETOUR DE LA PARTIE A : DE 01 MIN 13 S À LA FIN

PLANS SONORES	*Glissandos* de flûte à coulisse Flûte *piccolo* : notes dans l'aigu, légères, aériennes
	Tapis sonore joué par les cordes : notes longues, proches, longs accords
INTENTION	Retour au calme qui s'entend jusqu'au départ de la plage suivante « Ah ! Quelle joie de te retrouver, Jardin ! »
NUANCE, CARACTÈRE	Nuance *decrescendo**

PREMIÈRES ÉCOUTES : DÉCOUVERTE DE L'EXTRAIT

Les premières écoutes pourront être effectuées à la suite, à des moments distincts en dehors des séances d'éducation musicale ou à la fin des deux premières séances, mais sans avoir présenté l'extrait au préalable.

Fermez les yeux et essayer d'imaginer où vous pourriez vous trouver lorsque vous écoutez cette musique.

Mise en commun des impressions.

Débat sur le ressenti en veillant à ce que les élèves justifient leurs réponses.

Noter les remarques des élèves.

Diriez-vous que cette musique est plutôt tranquille ? Gaie ? Mystérieuse ? Étrange ? Énergique ? Triste ? Inquiétante ? Effrayante ? Amusante ? Majestueuse ? Angoissante ?

Pour les plus jeunes, on pourra proposer plusieurs photographies représentant différents espaces dont un paysage de jardin à la nuit tombée. Les élèves devront associer l'image à la musique entendue et justifier leur choix.

REPÉRAGE D'ÉLÉMENTS MUSICAUX

2e écoute

Entendez-vous des voix ? Combien ? Reconnaissez-vous certains mots ? (Onomatopées : « côâc », « ké ké ké », « Ah ! Quelle joie de te retrouver, Jardin ! »)

Mise en commun.

Noter les remarques des élèves.

De quelle manière les mots sont-ils dits ? Ensemble ? Isolés ? Répétés ? Certains sont-ils entendus plus forts que d'autres ?

Reproduire ces onomatopées.

Les onomatopées sont dites plus fortes afin d'être mises en valeur (émergences).

REPÉRAGE D'ÉLÉMENTS MUSICAUX POUR DÉFINIR LE CARACTÈRE

3e écoute

Qu'est-ce qui fait que l'extrait peut nous apparaître mystérieux ? Inquiétant ? (Trame sonore : sons aigus joués par la flûte, sons étirés et lents des cordes, peu d'instruments ; ajout des bruits d'animaux : émergence des onomatopées ; nuances : *pianissimo** au début puis *crescendo* et *decrescendo*.)

Lister les réponses.

MÉMOIRE DE LA STRUCTURE DE L'ÉCOUTE

Réaliser un affichage pour garder en mémoire :
- la structure ;
- les éléments musicaux utilisés par le compositeur ;
- les intentions.

Elle pourrait être de ce type :

Partie A	Partie B	Partie A
Trame sonore avec 2 plans : - sons étirés joués aux cordes ; - sons aigus joués par la flûte. Lent Très doux – *crescendo*	Émergences d'onomatopées Sons plus rythmés *Accelerando* *Crescendo*	Trame sonore avec 2 plans : - sons étirés et lents joués aux cordes ; - sons aigus joués par la flûte. Très doux – *crescendo*
Eau dormante	**Ajout d'animaux**	**Eau dormante**

Séances 4 à 6

Objectif : produire un paysage sonore sous forme d'une trame avec des émergences

Compétences visées :
- explorer des instruments manufacturés ou non en recherchant des possibilités sonores nouvelles ;
- écouter et améliorer ses propres productions ou celles de la classe (vocales ou instrumentales) en direct ou en s'enregistrant.

Matériel :
- CD 1, plage 18 (« Musique d'insectes et de rainettes ») ;
- matériaux sonores (liste non exhaustive) :
  - lames métalliques, triangles, grelots, cymbalettes, sanza,
  - guiro, maracas, octoblock, wood-blocks, claves, tubes résonnants, crécelle, crécelle africaine,
  - tambour, tambourin,
  - objets de récupération (papiers de toutes sortes, gaines électriques, casseroles, couvercles),
  - éléments naturels (cageot avec feuilles, branches, cailloux pour marcher dedans)...

DÉROULEMENT

On répartira la réalisation du paysage sonore sur trois (voire quatre) séances selon les pratiques de classe vis-à-vis des objets sonores.

Il conviendra de respecter les différentes phases et d'y consacrer un temps suffisant pour permettre aux élèves de s'approprier les matériaux, les gestes sonores et d'entrer dans une véritable démarche de création artistique.

L'enseignant commence par un rappel de la séance précédente.

EXPLORATION SONORE

Avec les instruments de la classe (manufacturés, provenant du sac à sons ou la voix), les élèves créent une musique qui pourrait aussi être mystérieuse, inquiétante et qui sera jouée en introduction de la chanson *Brrr ! J'ai peur*.

Temps d'exploration

Prévoir un temps d'exploration assez long afin de pouvoir choisir les matériaux les plus adaptés en fonction de l'intention recherchée. Cette phase va nécessairement générer du bruit mais elle est nécessaire pour l'exploration et pour l'enrichissement des productions.

Permettre à chaque élève de montrer ses trouvailles sonores, puis les reprendre de manière collective en jouant sur les divers matériaux à disposition, en variant les modes de jeu.

Temps de structuration
Traduire le geste sonore par un verbe d'action (frotter, caresser…).

Classer les sons ainsi obtenus en fonction de leur geste, du matériau, de leur durée, de leur intensité, de l'intention recherchée (évocation)…

Temps de création
Sélectionner les sons en fonction :
- de la thématique de la chanson et du lexique ;
- de l'organisation des plans sonores de la musique (trame/émergences).

	CARACTÉRISTIQUES DES SONS	EXEMPLES POSSIBLES
ÉMERGENCES	Sons brefs, forts, timbre clair, au premier plan, sons produits de façon ponctuelle	Craquement de branches, crécelle, onomatopées…
TRAME	Sons longs, entretenus (sans interruption), *piano*, en arrière-plan	Papiers frottés, froissés délicatement, grappe de sons vocaux (clusters*)…

On veillera ici à créer des contrastes :
- entre la trame sonore (accumulation des sons, *ostinato*…) et les émergences (solo) ;
- dans les intensités (*crescendo/decrescendo* comme dans l'extrait).

L'enregistrement tiendra ici une place particulière et permettra d'améliorer les productions.

Séance 7

Objectif : interpréter le chant avec un paysage sonore en introduction et un *ostinato* sur les refrains de *Brrr ! J'ai peur*

Compétence visée : tenir sa place et respecter les exigences liées à l'expression musicale collective.

Matériel :
- CD 1, plage 16 (*Brrr ! J'ai peur*) ;
- matériaux sonores (voir séances 4 à 6).

DÉROULEMENT

Préparation vocale et corporelle (voir séance 1, page 69).

Révision de la création sonore et du chant.

Interprétation : enchaîner le paysage sonore (introduction) et le chant avec l'*ostinato* sur les refrains.

Éléments d'évaluation

L'évaluation peut se fonder sur les critères suivants :
- qualité de l'interprétation du chant ;
- implication des élèves dans la création ;
- respect des contraintes.

La prestation pourra faire l'objet d'un enregistrement qui permettra ainsi une autoévaluation.

POUR ALLER PLUS LOIN

– Les tableaux de *L'Enfant et les Sortilèges*
Pour avoir une présentation des différents tableaux de *L'Enfant et les Sortilèges* : www.pedagogie95.ac-versailles.fr, rubriques « La culture humaniste », « Éducation musicale », « L'Enfant et les Sortilèges de Maurice Ravel : présentation de l'œuvre et pistes pédagogiques ».
– *La Clé des champs*, un film de Claude Nuridsany et Marie Pérennou
Une mare abandonnée. Deux enfants solitaires tombent sous le charme de ce lieu sauvage qui les rapproche peu à peu l'un de l'autre et les aide à apprivoiser la vie. À travers leur regard, leur imaginaire, la mare devient un royaume secret à la fois merveilleux et inquiétant, peuplé de créatures de rêve ou de cauchemar. Une expérience initiatique, brève et intense, dont ils sortiront transformés : www.lacledeschamps-lefilm.com.

ÉCOUTES COMPLÉMENTAIRES

Autres extraits de *L'Enfant et les Sortilèges* sur Musique Prim :
– tableau 6 : « Duo de la théière et de la tasse (*How's Your Mug*) » : http://bit.ly/1JkfKrJ
– tableau 11 : « Le vieillard et les chiffres (Deux robinets coulent) » : http://bit.ly/1QgqYgg
– *La Nuict froide et sombre* de Roland de Lassus : http://bit.ly/23gJQ5V

GAZOU DIVER

Gazouillis divers

ILLIS
S

PARTIE 6

Les oiseaux sont source d'inspiration pour de nombreux compositeurs. Après avoir appris un chant traditionnel sur ce thème, les élèves étudieront dans cette séquence comment les compositeurs arrivent à transcrire des chants d'oiseaux. À l'aide d'appeaux ou de leurs voix, ils tenteront également de recréer cet univers sonore.

SUPPORTS MUSICAUX UTILISÉS	*La Noce des oiseaux* (chant traditionnel) « Le rouge-gorge », extrait de *Petites esquisses d'oiseaux* d'Olivier Messiaen (1985) Enregistrements de chants d'oiseaux
NIVEAUX DE CLASSE	CP, CE1
OBJECTIF PRINCIPAL DE LA SÉQUENCE	Écouter, reproduire et mettre en musique le chant des oiseaux
COMPÉTENCES VISÉES	S'exprimer par le chant Reconnaître des œuvres préalablement étudiées Inventer et réaliser des productions à visée artistique ou expressive
DESCRIPTION DE LA SÉQUENCE	Séances 1 et 2 : Apprendre le chant *La Noce des oiseaux* Séance 3 : Écouter des chants d'oiseaux réels ou mis en musique Séance 4 : Imiter le chant des oiseaux Séance 5 : Organiser des productions collectives Éléments d'évaluation

Séances 1 et 2

Objectifs :
- apprendre le chant *La Noce des oiseaux* en mouvement ;
- interpréter le refrain sur un pas de branle.

Compétences visées :
- interpréter de mémoire une chanson ;
- repérer et reproduire avec justesse une phrase mélodique ;
- repérer et reproduire avec exactitude une formule rythmique.

Matériel : CD 1, plage 19 (*La Noce des oiseaux*)

PRÉSENTATION DU CHANT

Ce chant traditionnel aurait été recueilli par A. Millien et J.-G. Pénavaire, en 1886, à Nevers.

Comme la plupart des chants traditionnels, il est arrivé jusqu'à nous sous des versions différentes utilisant parfois les patois régionaux. Citons :
- *La lauseta e lo quinson* (mont Lozère) ;
- *La lauseta e lo pinson* (Aveyron) ;
- *La nòça de la lauseta ambe'l piusson* (Albigeois) ;
- *Le Pinson et l'Alouette* (Bourbonnais).

La structure de ce chant est classique : six couplets entre lesquels s'intercale un refrain. On notera également sa régularité et la ritournelle répétitive « par ici passe ».

Chaque couplet présente un animal qui apporte de nouvelles denrées. Ce type de texte à répétition est souvent appelé « récit de randonnée par énumération » ou encore « à accumulation ».

LA NOCE DES OISEAUX

Traditionnel – Version instrumentale enregistrée en *Mib* mineur

Introduction instrumentale

L'alouett(e) et le pinson
Ont voulu se marier
Mais le jour de leurs noc(es)
N'avaient pas de quoi manger.

Refrain
Ma Nanon, tout de bon,
Oui, bientôt nous ferons la noce,
Ma Nanon, tout de bon,
Oui, bientôt nous nous marierons.

Par ici pass(e) un lapin,
Sous son bras tenait un pain
Mais du pain nous avons trop,
C'est d'la viande qu'il nous faut.

Refrain

Par ici pass(e) un corbeau,
Dans son bec port(e) un gigot
Mais d'la viand(e) nous avons trop,
C'est du bon vin qu'il nous faut.

Refrain

Par ici pass(e) un(e) souris,
À son cou port(e) un baril
Mais du vin nous avons trop,
C'est d'la musiqu(e) qu'il nous faut.

Refrain

Par ici pass(e) un gros rat,
Un violon dessous son bras
« Bonjour à la compagnie,
N'y a-t-il pas de chats ici ? »

Refrain

« Entrez musiciens, entrez,
Tous les chats sont au grenier... »
Du grenier descend un chat
Il emporte le gros rat.

DÉROULEMENT

On répartira l'apprentissage du chant sur deux voire trois séances.

PRÉPARATION VOCALE ET CORPORELLE

Éveil corporel
Jeu du miroir : l'enseignant exécute les gestes très lentement, les élèves les reproduisent en miroir :
- se balancer de droite à gauche, les pieds bien ancrés au sol ;
- se balancer d'avant en arrière, sans perdre l'équilibre ;
- étirer un bras, puis l'autre, puis les deux ;
- dire « oui », puis « non » avec la tête.

Reprendre ce jeu mais les élèves sont deux par deux, face à face et peuvent proposer d'autres gestes.

Éveil du souffle
Les mains sur le ventre, inspirer pour le gonfler comme un ballon de baudruche puis expirer pour le dégonfler.

Les mains sous les côtes, sentir ses doigts s'écarter en haletant comme un petit chien.

Placer un doigt devant sa bouche pour suggérer une bougie. Souffler sur la bougie sans l'éteindre.

Souffler comme pour faire une bulle de savon.

Souffler fort comme pour gonfler un ballon.

Sonoriser une moto (vibrations des lèvres), le vent (« vvouou »).

Éveil vocal
Jeu du perroquet : les élèves sont disposés sur deux lignes, face à face. Chaque élève de la première ligne appelle son vis-à-vis grâce à un « hé ho ! » ou un « hou hou ! ». Les élèves de la seconde ligne répondent en imitant le plus exactement possible leur modèle (hauteur, intensité, inflexion de la voix...). Puis on inverse les rôles.

Chanter l'extrait du chant ci-après en remplaçant les paroles par « lou ». Commencer dans une tonalité plus grave. Monter par demi-ton pour atteindre la tonalité d'origine :

APPRENTISSAGE DU REFRAIN

Mise en mouvement
Faire danser un branle double aux élèves :
- un pas du pied gauche à gauche, ramener le pied droit près du gauche (2 fois) ;
- un pas du pied droit à droite, ramener le pied gauche près du droit (2 fois).

Apprentissage du refrain en mouvement
Sur ce pas de branle double, l'enseignant chante le couplet de la chanson comme indiqué dans le tableau ci-dessous (G : pose pied gauche ; D : pose pied droit).

Ma	Na-	non	tout	de	bon	Oui	bien-	tôt	nous	fe-	rons	la	no-	ce
		G	D		G	D		D			G		D	

Ma	Na-	non	tout	de	bon	Oui	bien-	tôt	nous	nous	ma-	rie	rons	
G		G	D		G	D		D			G		D	G

Toujours sur ce pas de branle et sans l'interrompre, enchaîner l'apprentissage du refrain par imitation, en respectant le découpage suivant :

« Ma Nanon tout de bon
Oui bientôt nous ferons la noce
Ma Nanon tout de bon
Oui bientôt nous nous marierons. »

L'apprentissage pourra être réalisé d'abord en parlé-rythmé puis avec la mélodie.

PRÉSENTATION DU CHANT
Écouter l'enregistrement de la chanson.

Échanges sur le sens du texte et sur sa structure. Seront mis en évidence :
- les personnages ;
- l'intrigue ;
- la forme couplet/refrain ;
- le caractère de la chanson.

APPRENTISSAGE DES COUPLETS
Les couplets ne présentant pas de difficulté particulière, l'apprentissage se fera classiquement par imitation.

On insistera davantage sur la dernière phrase du dernier couplet dont le rythme est singulier : « Du gre/nier des/cend un chat // Il emporte le gros rat ».

INTERPRÉTATION DU CHANT AVEC LA BANDE ORCHESTRE
Le texte de ce chant étant conséquent, on pourra répartir la classe en six groupes et attribuer un couplet à chaque groupe.

Sur le refrain, on reprendra le pas de branle appris précédemment.

À noter : il existe de nombreuses versions de ce chant traditionnel en France ; il pourrait être intéressant de chercher et d'apprendre la version de sa région.

Séance 3

Objectifs :
- écouter et analyser des chants d'oiseaux ;
- écouter et analyser « Le Rouge-gorge », extrait de *Petites musiques d'oiseaux* d'Olivier Messiaen.

Compétence visée : repérer des éléments caractéristiques simples (motifs musicaux, silences, alternance)

Matériel :
- CD 1, plages 22 à 29 (chants d'oiseaux) ;
- CD 1, plage 21 (« Le rouge-gorge » extrait de *Petites esquisses d'oiseaux*).

DÉROULEMENT

PRÉSENTATION DU PROJET AUX ÉLÈVES

Dans la chanson *La Noce des oiseaux*, on évoque trois oiseaux particuliers. Quels sont-ils ? (l'alouette, le pinson, le corbeau)

Quels autres oiseaux connaissez-vous ? Comment les reconnaît-on ? (à leur aspect mais aussi à leur chant)

ÉCOUTER ET IMITER DES CHANTS D'OISEAUX

Savez-vous imiter des chants d'oiseaux ? Les élèves essaient en jouant avec leur voix ou en sifflant.

Pour bien imiter, il faut bien écouter le modèle. Faire écouter tour à tour divers chants d'oiseaux en commençant par ceux évoqués dans la chanson (alouette, pinson, corbeau, coucou, geai, mésange, moineau, rouge-gorge).

Après chaque écoute :
- remarques ;
- essai d'imitation vocale par quelques élèves.

ÉCOUTE DU « ROUGE-GORGE » D'OLIVIER MESSIAEN

Titre : « Le rouge-gorge » extrait de *Petites esquisses d'oiseaux*

Compositeur : Olivier Messiaen

Genre : musique contemporaine

Instrumentation : piano

Olivier Messiaen (1908-1992) a nourri durant toute sa vie une véritable passion pour l'ornithologie. Lors de ses promenades, un carnet de musique à la main, il prenait en dictée le chant de nombreux oiseaux. S'appuyant sur ce travail de collectage, le compositeur a rendu hommage à différentes espèces au travers de recueils comme le *Catalogue d'oiseaux* ou les *Petites esquisses d'oiseaux* (1985).

Première écoute
Nous allons écouter un autre chant d'oiseau mais celui-ci est particulier. Pourquoi ?

Ce n'est pas un véritable oiseau mais un instrument (le piano) qui imite un oiseau.

Présenter rapidement Olivier Messiaen, son travail de collectage et d'imitation des oiseaux.

Seconde écoute avec consignes
Puisque c'est un piano qui joue, comment reconnaît-on qu'il imite le chant d'un oiseau ?

On remarquera :

- les motifs musicaux (leur mélodie et leur rythme) ;
- les alternances motifs lents/motifs rapides ;
- les silences entre chaque motif.

Séance 4

Objectifs :
- imiter des chants d'oiseaux ;
- utiliser des appeaux.

Compétences visées :
- repérer des éléments caractéristiques simples (motifs musicaux, silences, alternance) ;
- inventer et réaliser des productions à visée artistique ou expressive.

Matériel :
- CD 1, plages 22 à 29 (chants d'oiseaux) ;
- appeaux.

DÉROULEMENT

PRÉSENTATION DES APPEAUX ET DE LEUR MODE DE JEU

Présenter les appeaux (instruments pour imiter le chant des oiseaux) puis les distribuer (un pour deux) : les élèves recherchent comment l'utiliser et présentent ensuite au groupe le son qu'ils ont trouvé.

On renouvelle ce temps d'appropriation du matériel. Certains appeaux sont difficiles à utiliser par les élèves.

CONVERSATION D'OISEAUX

Imaginer une petite production où deux oiseaux discutent. Les oiseaux peuvent chanter chacun leur tour, mais aussi en même temps. Les élèves sont par deux : un élève imite l'oiseau avec un appeau, l'autre avec la voix.

Temps de recherche individuelle avant la présentation des productions au grand groupe.

Analyse des productions : est-ce que cela imite bien les oiseaux ? Pourquoi ? Que faut-il corriger ?

Renouveler en changeant les instruments.

Séance 5

Objectif : organiser les productions sonores

Compétence visée : inventer et réaliser des productions à visée artistique ou expressive

Matériel : appeaux

DÉROULEMENT

RAPPEL DE LA SÉANCE PRÉCÉDENTE

Reprendre brièvement les conversations d'oiseaux en plaçant les élèves deux par deux.

RECHERCHE DE PRODUCTIONS COLLECTIVES

Placer les élèves en groupes d'environ cinq élèves. Dans chaque groupe, certains élèves imitent les oiseaux avec leurs voix, d'autres avec les appeaux.

Consigne : « Nous allons imiter les oiseaux mais cette fois, nous sommes en forêt : les oiseaux discutent entre eux mais sont plus nombreux. »

Temps de recherche par petits groupes avant la présentation au grand groupe et échanges.

Il est probable que les productions collectives ressemblent davantage à un brouhaha qu'aux chants des oiseaux dans la forêt, chaque élève jouant fort et sans discontinuité.

NOUVELLE RECHERCHE SONORE

Le même travail est demandé aux élèves (on reprend les mêmes groupes) avec, cette fois-ci, une consigne affinée : « Imitez les oiseaux, mais chaque oiseau doit être entendu distinctement à un moment ou à un autre. L'ensemble doit être harmonieux. »

Temps de recherche par petits groupes avant la présentation au grand groupe et échanges.

POUR AMÉLIORER LES PRODUCTIONS

On pourra introduire un chef d'orchestre qui fera jouer chaque élève tour à tour ou par deux, par trois, tous ensemble par moments.

On pourra également mettre en place un codage : au tableau ou sur une grande affiche, on notera les interventions de chaque oiseau qui peuvent évidemment varier en fonction de son chant. Exemple :

L'enseignant (ou un élève) déplace une règle lentement de gauche à droite sur l'affiche ; chaque élève joue sa partie quand la règle l'indique.

Éléments d'évaluation

On peut interpréter le chant *a cappella* et, entre chaque couplet, faire réaliser par un petit groupe d'élèves un paysage sonore « conversation d'oiseaux » (productions vocales ou instrumentales).

L'évaluation portera sur :
- la qualité de l'interprétation du chant ;
- le fait de tenir sa place ou non dans la production instrumentale ;
- la qualité des paysages sonores.

POUR ALLER PLUS LOIN

On pourra écouter d'autres œuvres de compositeurs qui ont été inspirés par les oiseaux et qui ont tenté de reproduire leurs chants :
- *Le Chant des oiseaux* de Clément Janequin (1528), chanson polyphonique de la Renaissance ;
- « Le printemps », extrait des *Quatre Saisons* d'Antonio Vivaldi (1725), œuvre de la période baroque ;
- « La volière », extrait du *Carnaval des animaux* de Camille Saint-Saëns (1886), œuvre de la période romantique.

LA M
DANS
SES

La mer dans tous ses états

ER
TOUS
ÉTATS

PARTIE 7

Ce couple chant/œuvre va permettre de travailler sur le paysage sonore autour de la mer. Pour y parvenir, deux ambiances différentes et à la fois complémentaires sont proposées : l'une très calme (chant) et l'autre plus tourmentée (l'œuvre).

Ce sera l'occasion pour les élèves d'utiliser des objets sonores variés en vue d'une création musicale, création qui pourra être l'illustration sonore d'un paysage rencontré en direct ou au travers de reproductions (photographies, tableaux...) ou encore d'un texte poétique comme le pratiquait Debussy.

SUPPORTS MUSICAUX UTILISÉS	*Cailloux et coquillages* de Jacques Barthès « Dialogue du vent et de la mer », extrait de *La Mer* de Claude Debussy
NIVEAUX DE CLASSE	CP, CE1, CE2
OBJECTIF PRINCIPAL DE LA SÉQUENCE	Élaborer un paysage sonore en s'appuyant sur une photographie ou une reproduction d'art
COMPÉTENCES VISÉES	S'exprimer par le chant Apprendre à discriminer des sons, affiner l'attention, la sensibilité Reconnaître des œuvres musicales préalablement étudiées Inventer et réaliser des productions à visée artistique ou expressive
DESCRIPTION DE LA SÉQUENCE	Séance 1 : Écoute et découverte du chant Séances 2 et 3 : Apprentissage du chant Séances 4 et 5 : Paysage sonore évoquant la mer Séance 6 : Écoute de l'œuvre Séance 7 : La mer dans tous ses états Éléments d'évaluation

Séance 1

Objectif : découvrir la structure et l'atmosphère du chant *Cailloux et coquillages*

Compétences visées :
- repérer les thèmes mélodiques et leur organisation ;
- repérer et distinguer différents timbres.

Matériel :
- CD 1, plage 30 (*Cailloux et coquillages*) ;
- CD 1, plage 31 (bande orchestre de *Cailloux et coquillages*).

PRÉSENTATION DU CHANT

Jacques Barthès est un chanteur, guitariste et compositeur né à Montpellier en 1950. Il s'inspire des paysages méditerranéens de son enfance pour écrire ses chansons.

Intéressé par la pédagogie musicale en milieu scolaire, il a notamment publié *La Chanson à portée des enfants* (Hachette Éducation, 1993).

Le chant *Cailloux et coquillages*, extrait de l'album *Chansons pour les enfants* paru en 2004, est composé de cinq parties :
- introduction avec le bâton de pluie, la guitare et le violoncelle (jusqu'à 00 min 43 s) ;
- chant ;
- intermède avec le bâton de pluie, la guitare et le violoncelle (01 min 50 s à 02 min 08 s) ;
- chant ;
- final avec le bâton de pluie, la guitare et le violoncelle (à partir de 03 min 15 s).

CAILLOUX ET COQUILLAGES

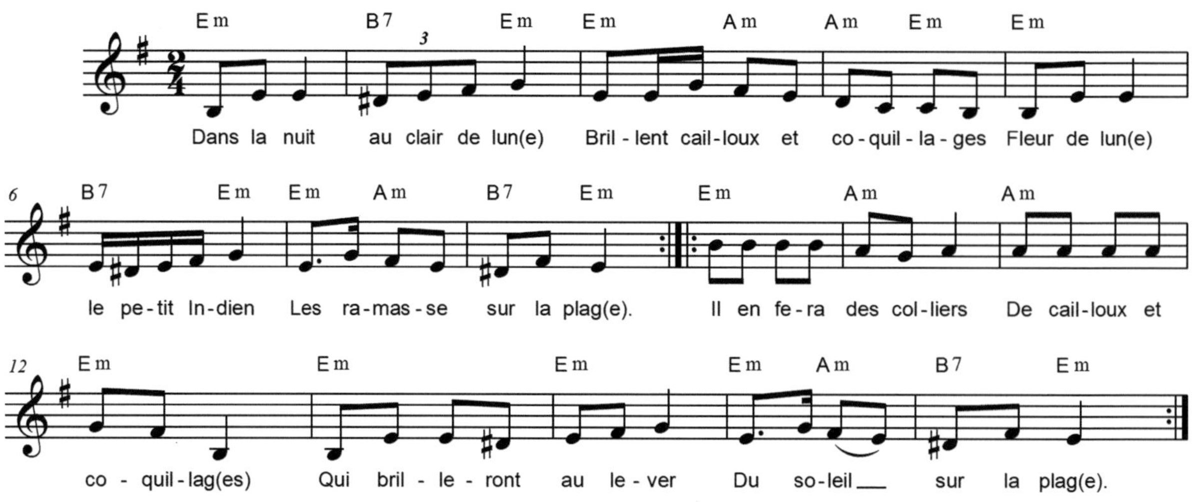

Paroles et musique de Jacques Barthès

Introduction instrumentale

Couplet A

Dans la nuit au clair de lun(e)
Brillent cailloux et coquillages
Fleur de lun(e) le petit Indien
Les ramasse sur la plag(e).! *(bis)*

Couplet B

Il en fera des colliers
De cailloux et coquillag(es)
Qui brilleront au lever
Du soleil sur la plag(e). *(bis)*

Intermède musical

Couplet A

Dans la nuit au clair de lun(e)
Brillent cailloux et coquillages
Fleur de lun(e) le petit Indien
Les ramasse sur la plag(e).! *(bis)*

Couplet B

Il en fera des colliers
De cailloux et coquillag(es)
Qui brilleront au lever
Du soleil sur la plag(e). *(bis)*

DÉROULEMENT

DÉCOUVERTE DE L'ATMOSPHÈRE DU CHANT

Avant de donner une consigne, faire écouter plusieurs fois la bande orchestre qui traduit l'atmosphère du chant.

Demander aux élèves ce que ces écoutes leur évoquent :
- Quelles sont vos impressions ? Que ressentez-vous ? (mer, vagues, pluie, calme, mystère…)
- Avez-vous repéré des éléments particuliers ? (bâton de pluie, guitare, violoncelle, synthétiseur pour la mélodie, flûte à bec – la deuxième fois, la flûte joue en même temps que le synthétiseur…)
- Est-ce que certains éléments se répètent ou sont entendus plusieurs fois ? (bâton de pluie, la mélodie jouée au synthétiseur, flûte…)

REPÉRER LA STRUCTURE DU CHANT

Répartir les élèves en trois groupes : deux groupes munis de foulards (deux couleurs différentes) et un groupe observateur qui validera ou non les réponses corporelles :
- le premier groupe se déplace quand il entend la mélodie pour la première fois (synthétiseur seul) ;
- le second groupe se déplace lorsqu'il entend la même mélodie pour la seconde fois (synthétiseur avec la flûte à bec).

Échanger les rôles pour le second couplet.

Cette structure fera l'objet d'un affichage qui se complétera lors de l'apprentissage du chant.

Exemple d'affichage possible, sur lequel on peut ajouter des visuels des instruments utilisés pour aider les élèves :

INTRO	A	A	B	B	INTERMÈDE	A	A	B	B	CONCLUSION
Bâton de pluie, guitare, violoncelle	Synthé	Synthé et flûte à bec	Synthé	Synthé et flûte à bec	Bâton de pluie, guitare, violoncelle	Synthé	Synthé et flûte à bec	Synthé	Synthé et flûte à bec	Bâton de pluie, guitare, violoncelle

Séances 2 et 3

Objectif : apprendre le chant *Cailloux et coquillages*

Compétences visées :
- placer correctement les respirations dans l'interprétation d'un chant ;
- repérer et reproduire avec justesse une phrase mélodique.

Matériel :
- CD 1, plage 30 (*Cailloux et coquillages*) ;
- bâtons de pluie.

DÉROULEMENT

On répartira l'apprentissage du chant sur deux séances.

Points de vigilance :
- la tenue des phrases musicales (gestion du souffle) ;
- l'intervalle entre les deux couplets avec le départ dans l'aigu.

PRÉPARATION VOCALE ET CORPORELLE

Éveil corporel
L'enseignant montre l'exemple ; les élèves répètent :
- se dessabler : s'imaginer sur une plage recouvert de sable mouillé. Avec les mains, retirer le sable collé sur le visage et le corps ;
- faire l'étoile de mer : étirer doucement toutes les branches de l'étoile, une à une, dans diverses directions. Étirer un bras et une jambe simultanément en diagonale.

Éveil du souffle
Savourer l'odeur de la mer (respiration et résonance) : détendu, inspirer profondément pour savourer l'odeur de la mer.

La bouée qui se dégonfle (travail sur les muscles de l'expiration) : imaginer être une bouée gonflée et la percer au milieu du ventre. Accompagner le geste d'un « pschh ». Laisser l'air reprendre sa place naturellement, sans forcer.

Percer ensuite la bouée sur un côté :
- travail de l'expiration courte : le trou est très gros, la bouée se dégonfle donc très rapidement ;
- travail de l'expiration longue : le trou est minuscule, la bouée se dégonfle donc très lentement.

Éveil vocal
Le roulis des vagues : imiter le roulis des vagues par des « brr » sur *do-sol-do* avec *glissando*. Progresser dans la tessiture.

Sur *sol-fa-mi-ré-do* en montant par demi-tons, chercher à être expressif : le sable est très chaud, la mer est très belle, j'ai très peur des vagues, il y a un requin…

APPRENTISSAGE DU CHANT

La mélodie du premier couplet
Sur « lou-lou-lou », proposer la première phrase mélodique (jusqu'à « coquillages ») plusieurs fois.

Les élèves écoutent et la chantent intérieurement (dans leur tête) avant de la chanter collectivement.

La mélodie et le texte du premier couplet
Placer ensuite le texte sur la mélodie en procédant de la même manière : donner l'exemple plusieurs fois. Les élèves chantent la phrase intérieurement puis collectivement. Le support enregistré pourra être utilisé comme soutien vocal. Procéder de la même manière pour la seconde phrase (jusqu'à « plage »).

Chant avec la bande orchestre
Enchaîner les deux phrases musicales avec l'accompagnement.

Le premier couplet étant chanté deux fois, on pourra imaginer diverses organisations :
– l'enseignant chante la première fois, les élèves chantent la seconde fois ;
– un élève chante la première fois, les autres élèves chantent la seconde fois ;
– un groupe chante la première fois, un autre chante la seconde fois.

Attention ! Une forte respiration au milieu de chacune de ces deux phrases serait inesthétique et nuirait à la compréhension du texte. Le travail effectué sur la respiration lors de l'échauffement prend ici toute son importance. Il faudra y porter une attention particulière tout au long de l'apprentissage du chant.

Apprentissage du second couplet
Procéder de la même manière pour le second couplet. Selon l'âge des élèves, cet apprentissage pourra se faire dans l'enchaînement de la deuxième séance ou s'effectuer lors d'une autre séance.

INTERPRÉTATION ET ACCOMPAGNEMENT DU CHANT

Répartir les élèves en trois groupes : un groupe qui joue du bâton de pluie et deux groupes qui chantent.

INTRO	A	A	B	B	INTERMÈDE	A	A	B	B	CONCLUSION
Bâton de pluie, guitare, violoncelle	Synthé	Synthé et flûte à bec	Synthé	Synthé et flûte à bec	Bâton de pluie, guitare, violoncelle	Synthé	Synthé et flûte à bec	Synthé	Synthé et flûte à bec	Bâton de pluie, guitare, violoncelle
Groupe 1 Avec des bâtons de pluie	**Groupe 2** Couplet A chanté	**Groupe 3** Reprise du couplet A	**Groupe 2** Couplet B chanté	**Groupe 3** Reprise du couplet B	**Groupe 1** Avec des bâtons de pluie	**Groupe 2** Couplet A chanté	**Groupe 3** Reprise du couplet A	**Groupe 2** Couplet B chanté	**Groupe 3** Reprise du couplet B	**Groupe 1** Avec des bâtons de pluie

Séances 4 et 5

Objectif : produire un paysage sonore évoquant la mer

Compétences visées :
- explorer des instruments manufacturés ou non en recherchant des possibilités sonores nouvelles ;
- écouter et améliorer ses propres productions ou celles de la classe (vocales ou instrumentales) en direct ou en s'enregistrant.

Matériel :
- une photographie ou une reproduction d'une marine (peinture figurative dont le sujet est la mer) ;
- un enregistreur ;
- matériaux sonores (liste non exhaustive) :
  - lames métalliques, triangles, cymbalettes, sanza...,
  - tambour, tambourin (frottés),
  - objets de récupération (papiers de toutes sortes, gaines électriques, pailles, tubes, bouteilles plastiques...),
  - éléments naturels (cailloux...).

DÉROULEMENT

On répartira la réalisation du paysage sonore sur deux (voire trois) séances selon les pratiques de classe vis-à-vis des objets sonores.

Il conviendra de respecter les différentes phases et d'y consacrer un temps suffisant pour permettre aux élèves de s'approprier les matériaux, les gestes sonores et d'entrer dans une véritable démarche de création artistique.

RECHERCHES SONORES

Présentation de la photographie (paysage marin) ou reproduction de tableau (marine)
Demander aux élèves ce qu'ils voient et ce qu'ils penseraient entendre s'ils entraient dans le tableau.

Amener les élèves à préciser le détail qui correspond au son proposé.

Recueillir les différentes propositions et les noter sur une affiche.

Dire aux élèves qu'à l'aide d'objets sonores et de la voix, ils vont créer le paysage sonore de la photographie ou reproduction présentée.

Temps d'exploration
Chacun choisit un détail de l'image citée précédemment et essaie de le mettre en son avec la voix ou un objet sonore de son choix.

L'élève doit affiner et perfectionner son geste afin de pouvoir présenter sa proposition aux autres.

Cette phase va nécessairement générer du bruit mais elle est nécessaire pour l'exploration et pour l'enrichissement des productions.

Mise en commun des trouvailles
L'objet est posé devant soi. Les élèves sont en cercle et montrent chacun leur tour ce qu'ils ont trouvé : ils jouent leur son, les autres doivent identifier à quel détail de la photographie ou du tableau ce son pourrait correspondre.

Le joueur valide la réponse.

Cette phase sera l'occasion de prendre conscience que le son dépend du geste instrumental que l'on nommera par un verbe d'action.

Temps de structuration
L'enregistrement des sons produits (à défaut, l'écoute par les autres élèves) va permettre d'affiner le geste en fonction du résultat souhaité et de réécouter les productions.

À partir de l'enregistrement des sons obtenus, créer un répertoire sonore pour la classe :

IMAGE DE L'OBJET	GESTE [VERBE D'ACTION]	SON N°...

Ce répertoire sera une aide précieuse pour l'élaboration du paysage sonore.

CRÉATION DU PAYSAGE SONORE

À partir du répertoire sonore élaboré, mettre la photographie/le tableau en musique en créant un paysage sonore collectif ou par groupe. Ce travail sera enregistré, ce qui permettra de garder une trace de celui-ci, mais surtout de le réécouter et de l'analyser en vue de l'enrichir.

Une première écoute des créations sonores va permettre de relancer les propositions : va-t-on tous jouer ensemble ? Comment organise-t-on les sons ? Qui démarre ? Qui termine ? Joue-t-on toujours de la même manière ?

CONSTATS	REMÉDIATIONS POSSIBLES
Superposition des éléments sonores rendant l'ensemble chargé, confus	Les sons s'organisent comme si on racontait une histoire avec un début, un développement et une fin Les musiciens ne jouent pas tout le temps [place des silences] Gestion de l'histoire : avec un chef d'orchestre et/ou une partition codée
Succession des éléments sonores ne relatant pas suffisamment le caractère du tableau	Travailler sur les paramètres du son [durée, tempo, intensité], sur le caractère [gestes sonores à améliorer en lien avec les paramètres du son et l'image de départ]

Séance 6

Objectif : écoute et analyse de « Dialogue du vent et de la mer », extrait de *La Mer* de Claude Debussy

Compétence visée : repérer et distinguer les variations d'intensité

Matériel : CD 1, plage 32 (« Dialogue du vent et de la mer », extrait de *La Mer*)

PRÉSENTATION DE L'ŒUVRE

Titre : « Dialogue du vent et de la mer », extrait de *La Mer*

Compositeur : Claude Debussy

Genre : musique symphonique

Instrumentation : orchestre symphonique

LE COMPOSITEUR

Issu d'un milieu modeste, Claude Debussy (1862-1918) entre au conservatoire de Paris à l'âge de dix ans pour poursuivre des études de piano. Ce n'est guère un élève enclin à suivre les règles mais son talent est apprécié.

Au désespoir de son père qui le destinait à une carrière d'interprète, il se tourne peu à peu vers la composition. En 1884, Il gagne le premier Grand Prix de Rome, très haute distinction pour un jeune compositeur.

Étant très attiré par la poésie et la peinture, beaucoup de ses mélodies sont écrites sur des poèmes. Sa musique est souvent comparée au mouvement impressionniste.

Il s'inspire beaucoup de la musique russe et des musiques extra-européennes qu'il découvre lors de l'Exposition universelle de Paris en 1889.

Une de ses œuvres majeures est l'opéra *Pelléas et Mélisande* qu'il a mis plus de neuf ans à composer.

Après 1902, il va beaucoup produire pour des raisons financières. À l'approche de la Première Guerre mondiale, il revient de plus en plus à une musique nationale et signe ses compositions « Debussy, musicien français ».

L'ŒUVRE

Enfant, Debussy découvre la Méditerranée chez sa tante à Cannes. Mais c'est surtout l'océan Atlantique et La Manche qu'il affectionne. Pourtant, lorsqu'il entreprend l'écriture de *La Mer, trois esquisses symphoniques pour orchestre*, il passe l'été en Bourgogne. Toutefois, il retourne sur les côtes de La Manche avant de finir son œuvre qui, à sa création en octobre 1905, reçoit un accueil très frileux du public.

Le mot « esquisses » renvoie au domaine pictural que Debussy affectionne. Cette attirance est bien réelle. Il fait d'ailleurs reproduire l'estampe du peintre japonais Hokusaï, *La Grande Vague de Kanagawa* – plus connue sous le nom de *La Vague* –, sur la couverture de l'édition originale de la partition.

La Mer est donc composée de trois mouvements :
- « De l'aube à midi sur la mer » : ce premier mouvement, très lent, montre les changements de lumière produits par le lever du soleil sur l'eau.
- « Le jeu des vagues » : Debussy, par son jeu de timbres, donne l'impression qu'une vague traverse l'orchestre avec des changements inattendus.
- « Le dialogue du vent et de la mer » : ce troisième mouvement est le plus théâtral et le plus animé des trois. Dans la première partie, l'orchestre se soulève et retombe comme les mouvements de la houle (succession de *crescendo-diminuendo*). L'orchestre est amplifié : ajout de la grosse caisse aux percussions, de deux cornets à pistons et du contrebasson pour plus de profondeur. Le thème du vent est exposé par le hautbois, le cor anglais et le basson sous forme de refrain. La deuxième partie est un passage calme, inquiétant avant le retour de la tempête. Pour le final, les vagues déferlent et se transforment en raz-de-marée. Le mouvement général de cette dernière esquisse, même s'il rencontre des accalmies, va en s'amplifiant, se concluant dans une magistrale nuance *triple-forte**.

STRUCTURE DE L'EXTRAIT

PREMIÈRE PARTIE : L'ÉVEIL [JUSQU'À 00 MIN 55 S]

MINUTAGE	00 MIN 00 S	00 MIN 18 S	00 MIN 28 S
Intentions	Le vent essaye de se lever	La mer réagit au vent : motifs ascendants et descendants (vagues)	Nouveau soulèvement du vent qui souffle de plus en plus fort
Instruments	Cordes graves, percussions	Bois (hautbois, clarinette, contrebasson) et trompettes dans l'aigu	Cordes graves, percussions Ajout du cor anglais, du basson et du contrebasson pour intensifier
Nuances, caractère	*Crescendo* et *decrescendo* de plus en plus fort	En soufflets *crescendo* et *decrescendo*	Phrases plus longues et plus agitées

DEUXIÈME PARTIE : LE THÈME DE LA MER [JUSQU'À 01 MIN 19 S]

MINUTAGE	00 MIN 55 S	01 MIN 06 S	01 MIN 09 S
Intentions	Thème de la mer (déjà entendu dans le 1er mouvement)	Tension	Effet dramatique accentué
Instruments	« Appel » donné par les cordes graves et les cors Thème joué à la trompette Le reste de l'orchestre est quasiment silencieux	Grondement de l'orchestre	Thème de la mer joué à nouveau à la trompette Accentuation faite par les cors Cordes
Nuances, caractère	Brillant, criard		Les cordes s'élancent dans l'aigu dans un grand *crescendo*

TROISIÈME PARTIE : TRANSITION [JUSQU'À 01 MIN 37 S]

MINUTAGE	01 MIN 19 S	01 MIN 36 S
Intentions	Déchaînement	Arrêt brusque pour marquer une nouvelle période
Instruments	Vents [notes longues, *crescendo*] Cors [plus de sourdine, de plus en plus menaçants] Percussions Cordes [montées]	Arrêt brusque des vents et percussions Cordes [achèvement de leur montée sur une note très accentuée] Coup de timbales
Nuances, caractère	Montée en puissance	*Fortissimo* puis silence général

QUATRIÈME PARTIE : L'HARMONIE [JUSQU'À 02 MIN 37 S]

MINUTAGE	01 MIN 37 S	02 MIN 06 S	02 MIN 17 S
Intentions	La mer et le vent semblent s'allier À 01 min 50 s : la mer et le vent semblent être en suspension	Mélodie douce	Le tourbillon s'emporte et retombe
Instruments	Deux groupes : – les vents avec une mélodie expressive ; – les cordes graves qui tournent [mêmes notes sur un rythme obstiné]. À 01 min 50 s : arrêt du tourbillon	Disparition des deux groupes Mélodie jouée par la flûte et les violoncelles [dans l'aigu] Le tourbillon joué aux cordes est allégé	La mélodie se tait et laisse la place aux vents et aux cordes qui se gonflent et s'essoufflent peu à peu
Nuances, caractère	Expressif	Accélération, montée vers l'aigu, *crescendo*	Montée vers l'aigu en *crescendo* suivie d'une descente dans les graves en *decrescendo*.

DÉROULEMENT

ÉCOUTES N° 1 ET 2 : DÉCOUVERTE DE L'EXTRAIT

Ces deux premières écoutes pourront être effectuées à la suite ou à deux moments distincts en dehors des séances d'éducation musicale.

Déballage des remarques :
- timbres et hauteurs (vent dans les aigus, cuivres, cordes, percussions) ;
- intensité (grands *crescendos*, succession de plusieurs *crescendos* et *decrescendos*, ruptures très nettes dans les nuances) ;
- caractère (plus mystérieux, plus angoissant que dans le chant, impression de vagues) ;
- tempo (fluctuant).

ÉCOUTE N° 3 : LE CARACTÈRE DE L'EXTRAIT

Interroger les élèves sur le caractère calme ou agité de *La Mer* de Debussy.

Repérer les éléments qui permettent de le dire :
- *crescendos* et *decrescendos* de plus en plus intenses ;
- ruptures avec des silences ;
- notes longues.

Appropriation de ces notions avec les objets sonores utilisés lors de la séance précédente.

Guider les élèves avec des gestes pour les *crescendos*, *decrescendos*, silences et sons longs.

Échanger sur le geste sonore correspondant à l'intention souhaitée.

Le jeu du cache-tampon peut être mené en fin de séance afin de retravailler sur les intensités : un élève sort de la salle ; les autres cachent un objet dans la classe. L'élève est guidé par le jeu de ses camarades qui augmente en intensité quand il s'approche de l'objet et diminue quand il s'en éloigne. Une attention particulière sera portée à la progression de l'intensité, aux intensités intermédiaires.

Séance 7

Objectif : produire un paysage sonore évoquant la mer en réinvestissant les variations d'intensité

Compétence visée : améliorer ses propres productions ou celles de la classe (vocales ou instrumentales) en fonction des éléments apportés par l'écoute

Matériel :
- CD 1, plage 32 (« Dialogue du vent et de la mer », extrait de *La Mer*) ;
- une photographie ou une reproduction d'une marine ;
- des objets sonores divers provenant du « sac à sons » de la classe ;
- un enregistreur.

DÉROULEMENT

REPRISE ET AMÉLIORATION DU PAYSAGE SONORE DES ÉLÈVES

Réinvestir le travail effectué lors de la séance précédente.

Travailler en particulier les intensités (*crescendo*, *decrescendo*, silence...) et les intégrer à l'histoire sonore réalisée en séance 5.

Enregistrer.

Séance 8

Objectif : enregistrer le chant *Cailloux et coquillages* et le paysage sonore créé et les présenter à une autre classe

Compétence visée : tenir sa place et respecter les exigences liées à l'expression musicale collective

Matériel :
- CD 1, plage 31 (bande orchestre de *Cailloux et coquillages*) ;
- plusieurs photographies ou reproductions dont une marine représentant une mer calme et l'autre une mer agitée ;
- bâtons de pluie et autres objets sonores ;
- un enregistreur.

DÉROULEMENT

PRÉPARATION POUR LE CHANT

Se référer aux séances précédentes.

PRÉSENTATION DU CHANT ET DU PAYSAGE SONORE

Proposer plusieurs images de paysages (marins ou non) à la classe spectatrice.

Analyser brièvement les images proposées afin d'en dégager le caractère principal qui guidera ainsi son écoute.

Le public doit associer une ou plusieurs images aux musiques entendues : le chant et le paysage sonore.

Éléments d'évaluation

L'évaluation peut se fonder sur les critères suivants :
- qualité de l'interprétation du chant ;
- implication des élèves dans la création ;
- respect des contraintes.

Si la prestation en public fait l'objet d'un enregistrement, il pourra être support à une autoévaluation.

POUR ALLER PLUS LOIN

Réaliser un montage vidéo mettant en perspective le paysage sonore produit par les élèves et le support de départ (photographie ou tableau).

Réinvestir les éléments dans la sonorisation d'un autre paysage.

Écoutes complémentaires sur Musique Prim :
- *Sud* de Jean-Claude Risset : http://bit.ly/1S761pW
- *C'est de l'eau* de Jean Nô : http://bit.ly/1NmCe6a
- *Pique la baleine* : http://bit.ly/1VaTAIZ

ENTE
VOUS
LE C

Entendez-vous le canon ?

NDEZ-

ANON?

PARTIE 8

Ce couple chant/œuvre permet d'aborder la forme du canon par l'écoute d'une œuvre instrumentale très célèbre et l'apprentissage d'un chant (en canon pour les plus grands).

SUPPORTS MUSICAUX UTILISÉS	*Noël en ribambelle* d'Isabelle Viel *Canon* de Johann-Christoph Pachelbel
NIVEAUX DE CLASSE	CP, CE1 (chant à l'unisson + *ostinato*) CE2, CM1, CM2 (chant en canon)
OBJECTIF PRINCIPAL DE LA SÉQUENCE	Connaître et reconnaître un canon
COMPÉTENCES VISÉES	CP/CE1 : - s'exprimer par le chant ; - reconnaître des œuvres musicales préalablement étudiées. CE2 à CM2 : - interpréter de mémoire une chanson ; - participer avec exactitude à un jeu rythmique ; - repérer des éléments caractéristiques simples ; - reconnaître et décrire des œuvres musicales préalablement étudiées, savoir les situer dans le temps et dans l'espace.
DESCRIPTION DE LA SÉQUENCE	Séance 1 : Écoute découverte du *Canon* de Pachelbel Séance 2 : Apprentissage de la chanson *Noël en ribambelle* Séance 3 : Créations rythmiques inspirées du *Canon* de Pachelbel Éléments d'évaluation

Séance 1

Objectif : découverte du *Canon* de Pachelbel

Compétences visées :
– identifier une famille d'instruments (les cordes) ;
– identifier un canon dans un contexte instrumental, repérer les entrées successives des voix identiques.

Matériel : CD 2, plage 3 (*Canon*)

PRÉSENTATION DE L'ŒUVRE

Titre : *Canon*

Compositeur : Pachelbel

Genre : musique instrumentale baroque

Instrumentation : orchestre à cordes et clavecin

LE COMPOSITEUR

Musicien allemand, Pachelbel (1653-1706) était un professeur de musique apprécié. Il a donné des cours à Johann-Christoph Bach, le frère aîné de Jean-Sébastien Bach.

L'ŒUVRE

L'œuvre de Pachelbel choisie pour mettre en évidence le procédé du canon est son *Canon* composé en 1677. Ce canon à trois voix est arrangé pour un orchestre à cordes :

- On entend d'abord les violoncelles, les contrebasses et le clavecin jouer une basse obstinée (*ostinato*) : huit notes lentes et régulières, des noires, donnent le tempo (vitesse de la pulsation). Cet *ostinato* sera répété plus de 26 fois !
- Puis les trois voix, toutes identiques et jouées aux violons, entrent l'une après l'autre sur une mélodie descendante.
- Suivent plusieurs variations, en notes de plus en plus courtes (croches, puis doubles-croches…). Ce procédé musical est appelé « diminution ». Cela se traduit par un jeu plus rapide et animé.

DÉROULEMENT

PREMIÈRE ÉCOUTE

Les élèves écoutent d'abord la première minute du canon.

Noter leurs impressions, ressentis, les éléments qu'ils ont repérés (instruments...).

DEUXIÈME ÉCOUTE

Donner les consignes suivantes :

- Y a-t-il une mélodie qui revient régulièrement (la faire chanter) ?
- Qui la joue ? Un seul instrument ou plusieurs ?
- Tout le monde joue-t-il en même temps ?

MISE EN ÉVIDENCE DE LA STRUCTURE DU CANON

Repérer les entrées successives à l'aide du musicogramme ci-dessous. C'est d'abord la basse qui fait son entrée (la fredonner)... Faire prendre conscience aux élèves qu'elle revient tout au long du morceau (= *ostinato*).

Identifier les entrées des différentes voix et les dénombrer.

Repérer les différentes variations grâce aux changements rythmiques (thème en noires, variations en croches puis en doubles-croches), les fredonner.

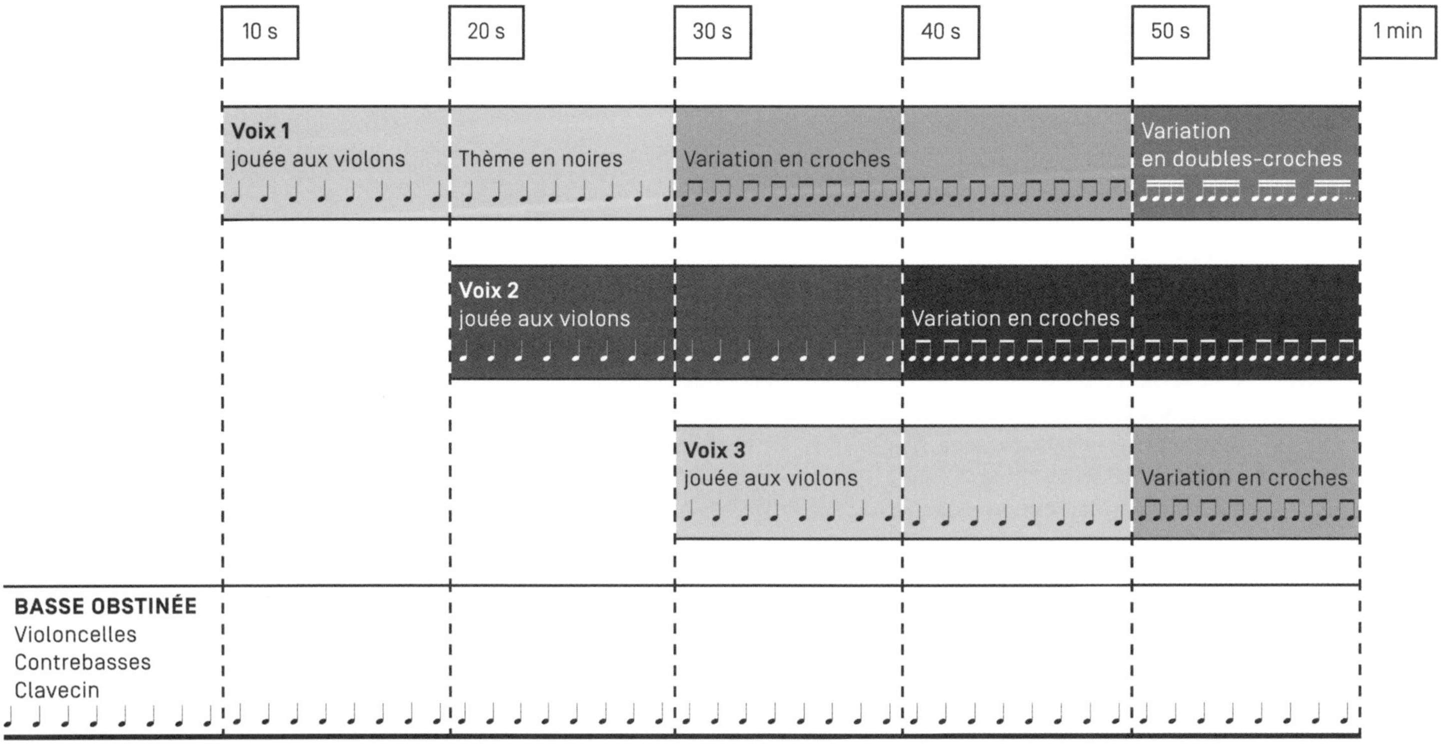

Repérer l'arrivée d'un rythme plus animé à 01 min 30 s :

On pourra réutiliser le début de cette formule dans les séances de créations rythmiques :

RÉÉCOUTES DU *CANON* DE PACHELBEL

Pour les élèves, c'est l'occasion d'éprouver le plaisir de retrouver ce qu'ils ont découvert.

Séances 2 et 3

Objectif : apprendre la chanson *Noël en ribambelle*

Compétences visées :
- cycle 2 : tenir sa place et respecter les exigences liées à l'expression musicale collective ;
- cycle 3 : tenir sa voix et sa place en formation chorale dans un canon.

Matériel :
- CD 2, plage 1 (*Noël en Ribambelle*) ;
- CD 2, plage 2 (bande orchestre de *Noël en Ribambelle*).

PRÉSENTATION DU CHANT

Ce chant est extrait de l'album *Mélodillages* paru chez Lugdivine en 2008. L'auteur, Isabelle Viel, est chanteuse, guitariste et percussionniste. Elle se produit souvent en compagnie de Marie-Line Payet-Taille et Jacques Bardot. Leur ensemble L'Air de rien explore des univers musicaux poétiques et variés.

La simplicité de la mélodie de *Noël en ribambelle* en facilitera l'apprentissage dès le plus jeune âge. Les deux premières phrases commencent sur des notes répétées cinq fois ; ce qui permet de poser sa voix, d'installer une justesse de groupe et de passer en douceur du parlé au chanté.

La version en canon proposée dans le CD est chantée par des voix de femmes.

NOËL EN RIBAMBELLE

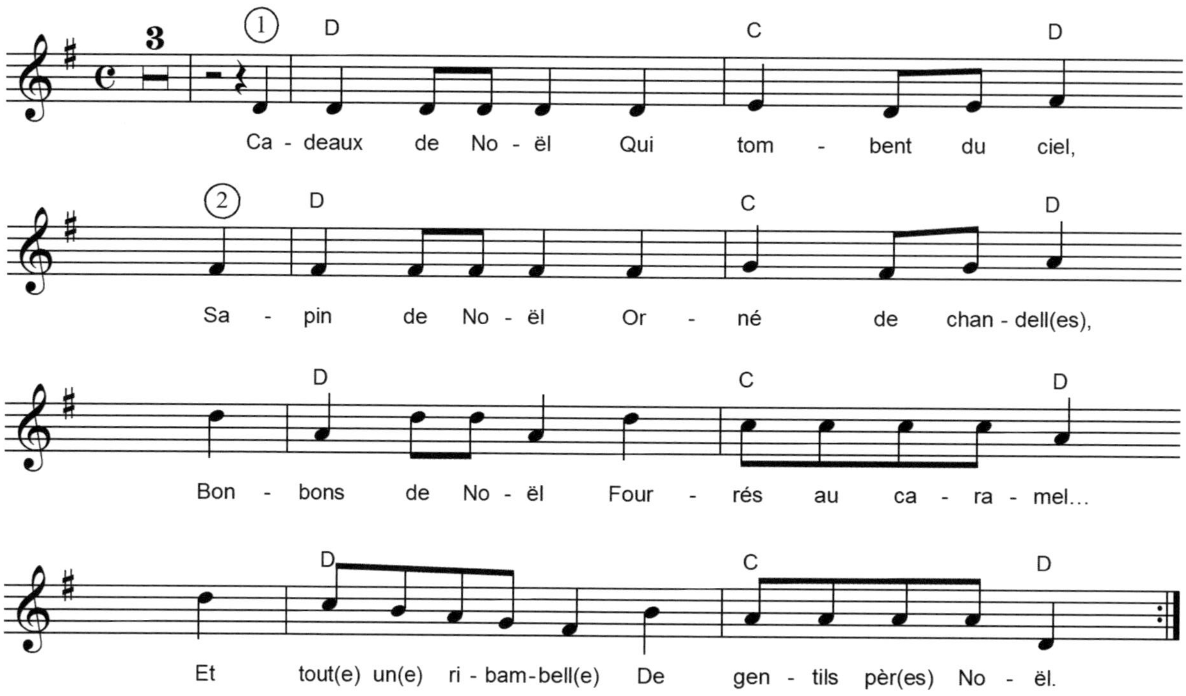

Paroles et musique d'Isabelle Viel

Introduction instrumentale

Cadeaux de Noël
Qui tombent du ciel,
Sapin de Noël
Orné de chandell(es),
Bonbons de Noël
Fourrés au caramel...
Et tout(e) un(e) ribambell(e)
De gentils pèr(es) Noël.

DÉROULEMENT

PRÉPARATION CORPORELLE ET VOCALE

Éveil corporel
Posture de l'arbre (sapin de Noël) qui s'enracine (tester son équilibre, les genoux légèrement fléchis pour un bon ancrage sans raideur).

Tendre les bras/branches pour recevoir les cadeaux qui tombent du ciel, à droite, à gauche, au-dessus de la tête : ceci permet de tester son équilibre de manière dynamique.

Éveil du souffle
Le vent dans les sapins de Noël fait vaciller les flammes des bougies (souffler sur un doigt placé devant sa bouche pour suggérer la bougie).

Éveil vocal
« Ohé ! Ého ! », chanté sur la mélodie de « bonbons » (*ré-la*), pour préparer le passage en voix légère dans la chanson. Veiller à la couleur homogène et bien claire des « é » et des « o ». Pour le « o », former un beau rond avec ses lèvres.

APPRENTISSAGE DU CHANT À L'UNISSON

Points délicats nécessitant un apprentissage particulier :
– veiller à obtenir un unisson le plus homogène possible (rythme, couleurs des voyelles, intonation/justesse). Le canon sera d'autant plus réussi que le chant à l'unisson sera le plus juste et le rythme le plus précis possible, compte tenu de l'âge et de la pratique chorale des élèves ;
– pour mémoriser la mélodie de « fourrés/au caramel », travailler le passage sous forme de question – réponse (question : « fourrés », réponse : « au caramel »).

Varier en permutant les rôles de la façon suivante :

« fourrés »	Élèves	Enseignant	Groupe 1	Groupe 2	Filles	Garçons
« au caramel »	Enseignant	Élèves	Groupe 2	Groupe 1	Garçons	Filles

Procéder de la même façon avec :
– question : « Bonbons de Noël », réponse : « Fourrés au caramel… » ;
– question : « Et tout(e) un(e) ribambell(e) », réponse : « De gentils pèr(es) Noël ».

RÉALISATION À PLUSIEURS VOIX (FIN C2/C3)

Cette réalisation se nourrira des expériences préalables vécues par les élèves et pensées comme autant de paliers bien identifiés d'une progression vers la polyphonie :
– chanter un chant dont les parties distinctes sont confiées à différents groupes de chanteurs mais qui doivent s'enchaîner avec fluidité grâce à une pulsation bien intériorisée (interaction vécue dans la succession) ;
– chanter un bourdon (tenir une note grave du chant) pendant que l'enseignant ou un groupe d'élèves chantent ou lors de la diffusion d'un enregistrement d'un chant (simultanéité, superposition) ;
– installer un *ostinato* (paroles répétées en parlé-rythmé, puis chantées sur une note-bourdon précédemment choisie) avec un groupe d'élèves pendant qu'un autre superpose les paroles d'un couplet, du refrain, voire de la chanson intégrale (succession puis simultanéité, superposition) ;
– proposer des canons en parlé-rythmé.

Lors de ces situations, l'enseignant aura maintenu la pulsation et indiqué par des gestes anticipés les entrées successives des différents groupes et voix. La mémorisation des élèves aura été renforcée par l'association de gestes bien différenciés propres à chaque partie (paroles mimées, attitudes corporelles…).

À chaque stade de ce chemin progressif vers la polyphonie, les expériences vécues seront d'autant plus formatrices si les élèves sont ponctuellement mais régulièrement en situation d'auditeurs par petits groupes.

Les propositions ci-après seront à adapter et moduler en fonction des acquis des élèves concernés. Il pourra s'avérer nécessaire de revenir temporairement à une situation décrite ci-dessus pour remobiliser le groupe choral au plus près de ses acquis du moment.

En deux groupes sur le principe de l'*ostinato*
Le premier groupe répète en boucle les paroles de la première ligne de la partition :

Le second groupe chante le chant dans son intégralité en le superposant à l'*ostinato*.

À noter que les deux voix démarrent en levée (avant le temps fort du début de la mesure).

En canon
Écouter l'enregistrement du canon chanté pour en faire repérer l'organisation :
– la première voix seule chante la totalité des paroles ;
– puis elle reprend la chanson. Après les deux premiers vers (première ligne de la partition), la seconde voix fait son entrée ;
– à la reprise, on pourra faire repérer et entendre une troisième voix qui se joint aux deux autres.

Faire constater qu'à la fin, toutes les voix sont unies pour chanter les deux derniers vers (dernière ligne de la partition) : « Et toute une ribambelle de gentils pères Noël. »

Réalisation du canon comme suit :
– chant intégral à l'unisson une fois ;
– canon à deux voix avec trois reprises ;
– fin à l'unisson.

Pour aller plus loin, créer son propre arrangement. C'est l'occasion pour les élèves :
– d'expliquer la manière dont ils organiseraient les interventions ;
– d'utiliser le vocabulaire spécifique à bon escient.

Séances 4 à 5

Objectif : créations rythmiques inspirées du *Canon* de Pachelbel

Compétences visées :
- cycle 2 : repérer et reproduire avec exactitude une formule rythmique ;
- cycle 3 : reproduire et produire des formules rythmiques sur des objets sonores appropriés.

Matériel :
- CD 2, plage 3 (*Canon*) ;
- percussions de trois types différents (peaux, bois, métaux).

DÉROULEMENT

CANON RYTHMIQUE CORPOREL

L'enseignant propose un frappé corporel parmi les exemples suivants, les élèves le reprennent.

DOIGTS OU CLAQUEMENT DE LANGUE POUR LES PLUS JEUNES	MAINS
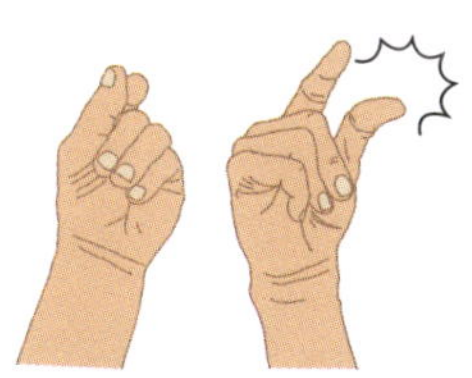	
POITRINE (SUR LE CÔTÉ PRÈS DE L'ÉPAULE)	**CUISSE(S)**

PIED(S)	
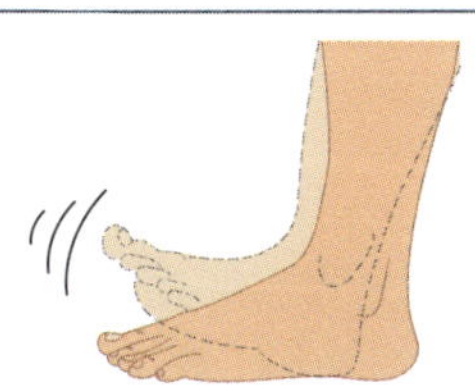	

L'enseignant enchaîne plusieurs frappés corporels différents, toujours répétés quatre fois, les élèves le reprennent en décalé comme le montre le tableau ci-après :

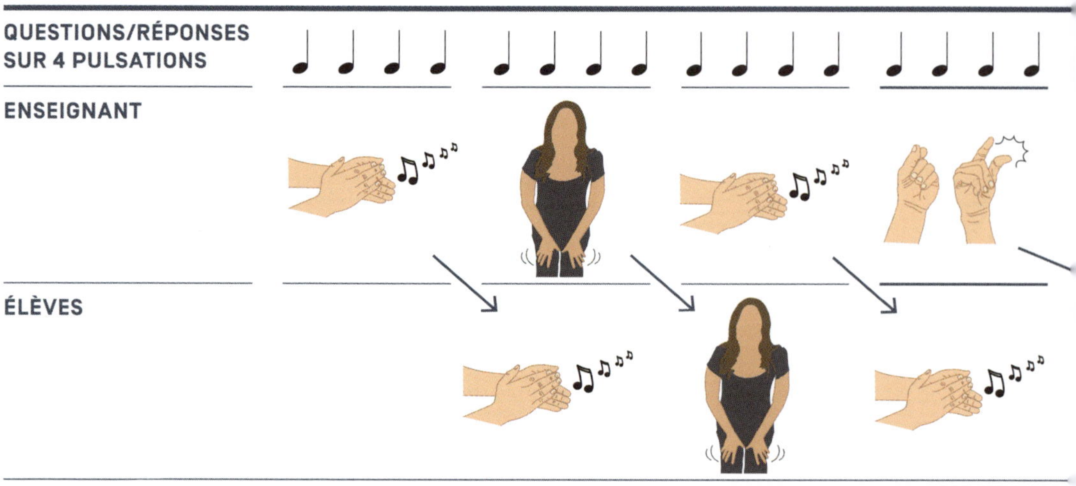

Pour aller plus loin au cycle 3 :
- mélanger les étages corporels dans une même formule de quatre frappés (ex. : mains, mains, cuisses, cuisses ; mains, doigts, mains, doigts…) ;
- confier le rôle du meneur à un élève ;
- introduire des cellules rythmiques variées avec deux croches, quatre doubles-croches…

PRODUCTIONS INSTRUMENTALES

Écoute active
Réécouter le canon et en repérer les trois parties.

PARTIE 1	PARTIE 2	PARTIE 3
Violoncelles et contrebasses en noires très lentes	Variations en croches des violons	Variations en doubles-croches des violons

Sur l'extrait musical, proposer en parlé-rythmé les onomatopées suivantes :

PARTIE 1	PARTIE 2	PARTIE 3
Violoncelles et contrebasses en noires très lentes	Variations en croches des violons	Variations en doubles-croches des violons
♩ ♩ ♩ ♩	♫ ♫ ♫ ♫	♬ ♬ ♬ ♬
« doum, doum »	« taka, taka… »	« tchikitiki, tchi… » « dibididibi, di… »

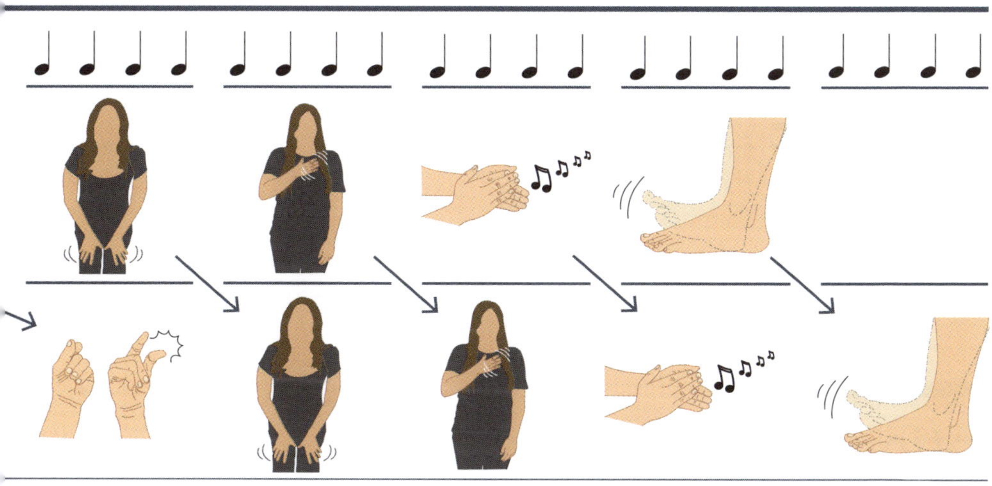

Sur l'extrait musical, y ajouter les percussions corporelles suivantes :

PARTIE 1	PARTIE 2	PARTIE 3`
Violoncelles et contrebasses en noires très lentes	Variations en croches des violons	Variations en doubles-croches des violons
♩ ♩ ♩ ♩	♫ ♫ ♫ ♫	𝅘𝅥𝅯𝅘𝅥𝅯𝅘𝅥𝅯𝅘𝅥𝅯 𝅘𝅥𝅯𝅘𝅥𝅯𝅘𝅥𝅯𝅘𝅥𝅯 𝅘𝅥𝅯𝅘𝅥𝅯𝅘𝅥𝅯𝅘𝅥𝅯 𝅘𝅥𝅯𝅘𝅥𝅯𝅘𝅥𝅯𝅘𝅥𝅯
Marche Frappé de poitrine [près de l'épaule opposée]	Frappés de mains	Frottés rapides des mains Frappés alternés sur les cuisses

Remplacer les percussions corporelles par des interventions instrumentales :

PARTIE 1	PARTIE 2	PARTIE 3
Violoncelles et contrebasses en noires très lentes	Variations en croches des violons	Variations en doubles-croches des violons
♩ ♩ ♩ ♩	♫ ♫ ♫ ♫	𝅘𝅥𝅯𝅘𝅥𝅯𝅘𝅥𝅯𝅘𝅥𝅯 𝅘𝅥𝅯𝅘𝅥𝅯𝅘𝅥𝅯𝅘𝅥𝅯 𝅘𝅥𝅯𝅘𝅥𝅯𝅘𝅥𝅯𝅘𝅥𝅯 𝅘𝅥𝅯𝅘𝅥𝅯𝅘𝅥𝅯𝅘𝅥𝅯
Peaux [tambourins sans cymbalettes] en noires : cycles de 4 pulsations lentes	Blois [claves ou wood-blocks...]	Métaux ou œufs maracas en doubles-croches

Pour aller plus loin (cycle 3)
On pourra créer un canon instrumental en s'inspirant du *Canon* de Pachelbel : en 3 voix confiées à trois familles d'instrument différentes.

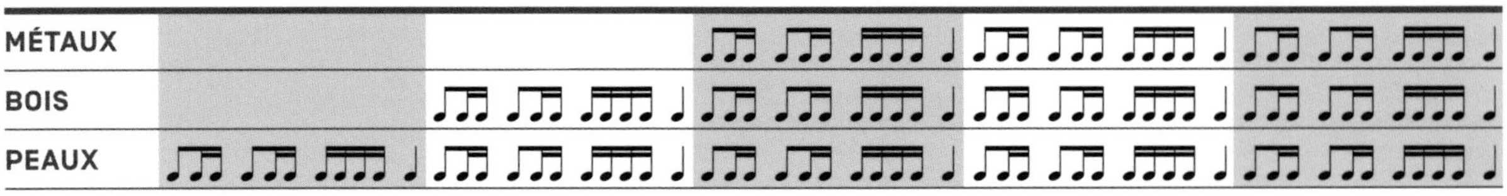

Éléments d'évaluation

Reconnaître un canon vocal parmi plusieurs œuvres chantées : par exemple, *Hop, hop opéra,* CD 2, plage 14.

VOU
AVE
KAB

Vous avez dit kabuki ?

S
Z DIT
UKI ?

PARTIE 9

De nombreux chants pour enfants traitent de l'Asie, souvent harmonisés selon la gamme pentatonique. Il est intéressant d'amener les élèves à inventer un accompagnement instrumental à partir des cinq notes de cette gamme, production artistique qui permet de mettre en valeur rapidement leurs créateurs.

Même si d'emblée les élèves identifient une « ambiance asiatique », très peu parmi eux connaissent le théâtre traditionnel japonais – le kakubi – et l'importance de la musique dans cet art.

Cette séquence pourra également être une porte ouverte vers d'autres musiques du monde ayant des caractéristiques particulières (musique des Andes, d'Afrique...).

SUPPORTS MUSICAUX UTILISÉS	*De Tokyo à Kyoto*, paroles et musique de Bruno Vay *Kabuki procession* de Nick et Sien Vallis-Davies : pièce aux effets théâtralisés dans l'esprit du kabuki
NIVEAUX DE CLASSE	CE2, CM1, CM2
OBJECTIF PRINCIPAL DE LA SÉQUENCE	Connaître la musique japonaise et son utilisation dans le théâtre kabuki
COMPÉTENCES VISÉES	Interpréter de mémoire un chant Participer avec exactitude à un jeu rythmique Découvrir quelques éléments culturels d'un autre pays Inventer et réaliser des productions à visée artistique et expressive
DESCRIPTION DE LA SÉQUENCE	Séances 1 et 2 : Apprentissage du chant *De Tokyo à Kyoto* Séance 3 : Mise en place d'un accompagnement instrumental Séance 4 : Écoute, analyse et contextualisation de *Kabuki procession* Séance 5 : Réalisation d'une production en utilisant *Kabuki procession* comme support sonore Éléments d'évaluation

Séances 1 et 2

Objectif : apprendre le chant *De Tokyo à Kyoto*

Compétences visées :
– avoir une posture adaptée à la production sonore ;
– repérer et reproduire avec justesse une formule mélodique ;
– repérer et reproduire avec exactitude une formule mélodique ;
– tenir sa place et sa voix en formation chorale dans le domaine polyphonique (chant à deux voix).

Matériel :
– CD 2, plage 4 (*De Tokyo à Kyoto*) ;
– CD 2, plage 5 (bande orchestre de *De Tokyo à Kyoto*).

PRÉSENTATION DU CHANT

Dès la première écoute, le chant *De Tokyo à Kyoto* nous transporte en Asie :
– la gamme utilisée suit l'échelle pentatonique ;
– le chant commence par un coup de gong ;
– l'instrumentation est choisie de manière à accentuer le côté asiatique ;
– durant l'intermède instrumental, le contrechant à la flûte apporte une atmosphère paisible, rêveuse et zen ;
– le texte même de la chanson traite de quelques caractéristiques du pays (fleurs de lotus, arts martiaux, karaté, judo, kimono, tatami).

ÉCHELLE/GAMME PENTATONIQUE

La musique occidentale prend comme référence l'échelle dodécaphonique qui est composée de douze intervalles (douze demi-tons). Le système pentatonique est une échelle musicale constituée de cinq hauteurs de sons différentes. La gamme pentatonique contient donc cinq notes.

Dans de nombreuses cultures, la symbolique du chiffre 5 est fondée sur la structure de la main. En recherche perpétuelle d'harmonie entre les hommes et l'univers, les Chinois ont tenté de trouver des corrélations entre cette harmonie universelle (ou sa vibration) et certains sons, afin de s'accorder avec elle ou de l'influencer (ces sons sont utilisés depuis très longtemps par la médecine chinoise). Des carillons de bambou ou de métal à cinq tiges sont utilisés de nos jours par le feng shui pour « harmoniser » l'énergie d'un lieu ou pour le protéger de mauvaises influences.

Un grand nombre de musiques à travers le monde utilisent ce système pentatonique : musiques nubienne, éthiopienne, berbère, hongroise, chinoise, javanaise, japonaise, mais également le blues, le rock'n'roll.

DE TOKYO À KYOTO

Paroles et musique de Bruno Vay

Introduction instrumentale

Écout(e) ma chanson lointain(e)
Au son des fontaines
Où naiss(ent) les fleurs de lotus
Mais jamais cell(es) du cactus.

Intermède instrumental

Mon refrain n'a pas de pic
Il est asiatique
Coulent mes notes magiqu(es)
Zen est toute ma musiqu(e)

Intermède instrumental

Y'a pas qu'les arts musicaux
De Tokyo à Kyoto
Mais aussi les arts martiaux
Le karaté, le judo
(2e voix : Tching, tching, tchang, tchang, tching, tching, tchang...)

Intermède instrumental

Enfil(e) ton beau kimono
Et chut(e) bien sur le dos
Roule sur le tatami
T'es rigolo mon ami.
(2e voix : Tching, tching, tchang, tchang, tching, tching, tchang...)

Instrumental musical

DÉROULEMENT

On répartira l'apprentissage du chant sur deux séances.

PREMIÈRE ÉCOUTE

À l'issue de la première écoute, questionner les élèves pour s'assurer de la bonne compréhension des paroles du chant, les amener à évoquer les sensations ressenties : de quoi parle la chanson ? Qu'évoque-t-elle ? Combien de voix entendez-vous ? D'un point de vue musical, ce chant ressemble-t-il à d'autres déjà appris ou entendus ? Pourquoi ?

PRÉPARATION CORPORELLE ET VOCALE

Éveil corporel

Bien se planter sur ses deux jambes légèrement écartées (largeur du bassin).

Yeux clos, faire un état des lieux des sensations ressenties (place de son corps dans l'espace, ressenti des différentes parties du corps, position de ses appuis sur le sol...). Ouvrir les yeux.

Stable sur une jambe, vérifier l'ancrage en explorant l'espace avec l'autre jambe (varier les possibles : autour de la cheville, du genou, en s'écartant plus ou moins de la jambe d'appui...). Changer la jambe d'appui et effectuer le même exercice. Déverrouiller les articulations par des petits moulinets, rotations... (cheville, genou, bassin, épaule, nuque).

Yeux clos, effectuer un nouvel état des lieux des sensations ressenties (utiliser les mêmes termes, dans le même ordre). Cette position, stable sur les deux jambes, sans tension dans le corps, devra être maintenue durant tous les moments d'émission vocale. Il faudra la vérifier régulièrement et aider les élèves à prendre conscience de cet équilibre.

Masser le visage en insistant sur les résonateurs, terminer en massant le cou.

Éveil du souffle

Bien ancrés, inspirer en levant les bras (par l'extérieur). Veiller à ce que les épaules restent basses.

Bras tendus et mains jointes au-dessus de la tête, maintenir un petit temps d'apnée en vérifiant là détente des vertèbres cervicales (par des petites rotations de la tête dans un sens puis dans l'autre). Souffler en mimant les mains qui glissent le long d'un mur devant soi.

Ces respirations « taoïstes » se feront trois fois en émettant successivement « sssss », « chchch » et « zzz ».

Pour accompagner les élèves dans les émissions de sons, l'enseignant théâtralise l'histoire suivante en mimant les actions afin d'amener les élèves à faire de même.

HISTOIRE	ACTIONS
Imaginez-vous dans un jardin japonais dans lequel coule un petit ruisseau. Vous êtes installés sur un pont de bois qui enjambe l'eau limpide et vous vous extasiez devant la beauté des fleurs de lotus.	Émettre des exclamations : « Oh », « Ah »...
Vous soupirez d'aise.	« Mm... » : soupirs à différentes hauteurs de sons, en variant les vitesses d'émission des sons. Inviter les élèves à ouvrir leur visage et à accompagner l'émission de sons de gestes amples.
Mais soudain, dans ce beau paysage, surgit un inugami, monstre chien de la mythologie japonaise. Il vous regarde férocement et se prépare à se jeter sur vous. Tels de grands karatékas, vous prenez votre position.	Prendre la position du karatéka : légèrement fléchi sur les appuis, une jambe en avant, les bras pliés, protégeant le visage.
Et pour le déstabiliser, vous lancez votre cri d'attaque.	« KAÏÏÏ ! »
Surpris, l'inugami s'arrête et vous observe. Vous lancez à nouveau votre cri d'attaque.	« KAÏÏÏ ! », « KAÏÏÏ ! ».
La magie opère et le monstre féroce se métamorphose sous vos yeux pour devenir un chien docile.	Émettre de larges soupirs de soulagement : « Ouf ! »
Tout ceci n'était qu'un vilain cauchemar ! Rassurés, vous retournez à votre douce rêverie dans le beau jardin japonais.	Déambuler en s'émerveillant : « Oh », « Ah »

Éveil vocal

Montée chromatique par demi-ton de *do* à *sol*.

ANALYSE DE LA PARTITION

Distribuer la partition aux élèves, les inviter à l'observer. Relever leurs remarques :

- la structure rythmique est souvent la même (six croches, noire). La faire frapper dans les mains ;
- les mesures 7 et 8 ne diffèrent que par la note finale (chanter les deux mesures et valider cette remarque ; l'enseignant indiquera par un signe de la main les hauteurs différentes) ;
- les couplets 3 et 4 ont une deuxième voix ;
- les notes utilisées sont toujours les mêmes : *si*, *ré*, *mi*, *sol*, *la* (échelle/gamme pentatonique).

APPRENTISSAGE DES COUPLETS

Les élèves apprennent le texte par imitation.

Mise en place du chant sur la bande orchestre (CD 2, plage 5).

ÉCOUTE DE LA VERSION ENREGISTRÉE

« Que manque-t-il dans notre apprentissage ? »

La deuxième voix n'est pas très facile à repérer à la première écoute ; on pourra s'aider de la partition si nécessaire.

APPRENTISSAGE DE LA DEUXIÈME VOIX

Faire remarquer que la mélodie est toujours la même : les mesures 11, 12, 13 et 14 sont identiques (cette vérification peut également être confortée par la partition).

Mise en place de deux groupes : un groupe interprète les couplets, un autre groupe (plus restreint) interprète la deuxième voix. Cette mise en place des deux voix s'effectuera *a cappella*.

Séance 3

Objectif : apprendre et mettre en place un accompagnement instrumental

Compétence visée : reproduire et produire des formules rythmiques sur des objets sonores appropriés

Matériel :
- CD 2, plage 4 (*De Tokyo à Kyoto*) ;
- lames de xylophone et/ou métallophone *ré* et *mi*.

DÉROULEMENT

Révision du chant (vérification de l'exactitude mélodique, rythmique et de la mise en place des deux voix).

Apprentissage de la mélodie de la deuxième voix sur les lames de xylophone et/ou métallophone mises à disposition (notes *ré* et *mi*).

Réalisation du chant.

Le groupe-classe est séparé en trois groupes inégaux (le groupe 1 sera le plus important) :
- le groupe 1 interprète la chanson dans sa totalité ;
- le groupe 2 interprète vocalement la deuxième voix ;
- le groupe 3 interprète instrumentalement la deuxième voix.

Il faudra veiller à ce que chaque élève puisse changer de rôle dans la chorale.

POUR ALLER PLUS LOIN

Mettre les élèves en situation d'improvisation d'un accompagnement instrumental du chant, en leur demandant de proposer une autre mélodie que la deuxième voix déjà apprise.

Présenter les propositions de chaque groupe. Les commentaires porteront sur les relations accompagnement-mélodie et accompagnement-structure.

Enregistrer les différentes propositions instrumentales accompagnant la chorale constituée des autres élèves de la classe.

Séance 4

Objectif : écouter, analyser et contextualiser *Kabuki procession*

Compétences visées :
- écouter des musiques traditionnelles du monde, connaître quelques éléments culturels d'un autre pays ;
- repérer quelques éléments permettant d'en déduire l'origine.

Matériel :
- CD 2, plage 6 (*Kabuki procession*) ;
- quelques instruments japonais.

© Musée des instruments de musique, Bruxelles

Le tsuzumi : tambour en forme de sablier.

La qualité du son dépend de l'humidité présente dans l'atmosphère du lieu où est joué le tambour. Pour assurer cette humidité, le joueur respire dans la tête du tambour quand il ne joue pas. Cet instrument est utilisé dans les musiques folkloriques, dans le théâtre kabuki et le théâtre nô.

© 12kagetu/Aflo/Getty Images

Le taïko : tambour joué avec des baguettes.

Pour bien en jouer, le taïko implique une posture corporelle proche de celle pratiquée dans les arts martiaux traditionnels.

Selon les sensibilités, le taïko peut ainsi être considéré comme une musique, un art martial, une danse ou une méditation.

© Buyenlarge/Getty Images

Le shamisen : sorte de luth à trois cordes et à manche long que l'on joue avec un plectre nommé « bachi ».

D'origine chinoise, il fut introduit au Japon au XVIe siècle et devint l'instrument de prédilection des geishas.

© JTB Photo/Age Fotostock

Les flûtes shakuhachi en bambou.

D'origine chinoise, elles furent importées par les moines bouddhistes.

Le musicien est généralement assis sur ses talons et souffle dans la flûte comme dans le goulot d'une bouteille vide.

Traditionnellement associé aux musiques de théâtre de marionnettes, cet instrument est maintenant utilisé en jazz ou en musique contemporaine.

© Buyenlarge/Getty Images

Le biwa, luth japonais du VIIIe siècle.

Instrument de prédilection de la déesse de la musique Benten, il se joue avec un plectre et peut assurer un rôle mélodique mais aussi rythmique.

Le musicien joue à genoux, l'instrument posé horizontalement ou en oblique sur les genoux.

© Musée des instruments de musique, Bruxelles

Le koto ou « cithare sur table du Japon ».

Initialement joué à la cour impériale, le koto est utilisé en musique traditionnelle, et particulièrement dans le kabuki.

Il se joue posé au sol ou sur une table basse devant laquelle le musicien s'agenouille. Les cordes sont pincées. Le son est comparable à celui d'une harpe.

LE THÉÂTRE KABUKI

Le kabuki est la forme épique du théâtre japonais traditionnel qui a vu le jour au début du XVIIe siècle. Il se caractérise par un jeu d'acteurs (exclusivement masculins) très codifié, un maquillage très recherché, une musique propre et des dispositifs scéniques importants qui mettent en exergue les moments forts de la pièce.

HISTORIQUE

Le premier théâtre de kabuki est fondé en 1624 dans un quartier de Tokyo. Un tambour était placé en haut d'une tour au-dessus du théâtre pour attirer les clients. À l'origine, des troupes de femmes déguisées en hommes les mimaient lorsque ceux-ci allaient dans des quartiers de plaisir. Condamnées pour immoralité, des troupes d'hommes (endossant également les rôles de femmes) les remplacèrent à partir de 1653.

En 1714, apparaissent deux éléments essentiels : la pose ou « mie » (sorte d'arrêt sur image de l'acteur, destiné à souligner un moment important de l'intrigue) et le maquillage ou « kumadori » (qui renforce les expressions). À partir de la moitié du XVIIIe siècle, le kabuki décline au profit du théâtre de marionnettes auprès des classes populaires, puis réapparait à partir de 1868 en réaction à l'introduction de la culture occidentale.

Malgré une interdiction de jeu pendant la Seconde Guerre mondiale, le kabuki est le plus populaire des styles de théâtre traditionnel japonais. Il attire cependant moins d'acteurs professionnels que le théâtre nô, autre style traditionnel de théâtre japonais originaire des fêtes religieuses célébrées dans les campagnes, où les acteurs masqués dansent et déclament des vers.

LE RÉPERTOIRE
Le répertoire se divise en trois catégories : les pièces historiques, les pièces du quotidien et les morceaux de danse.

LES ACTEURS
Les acteurs déclament sur un ton monocorde et sont accompagnés d'instruments traditionnels japonais. Le programme complet du kabuki se déroule sur toute une journée, le rythme de l'intrigue et du jeu atteignant leur paroxysme à la fin de la journée.

LE MAQUILLAGE
Les acteurs de kabuki sont maquillés. Les maquillages sont très caractéristiques et permettent d'identifier rapidement les personnages. Ils sont composés d'une base blanche de poudre de riz sur laquelle sont ajoutées des lignes de couleur pour amplifier les expressions du visage et caractériser le personnage : le rouge pour un héros ou un courageux, le bleu pour mettre en avant les caractères négatifs, le vert pour les êtres surnaturels et le violet pour les personnages nobles.

LA SCÈNE
La scène du théâtre est tournante, permettant ainsi des changements de décors sans arrêt de l'action. Des assistants, vêtus de noir, participent à ces changements de décors mais également aux changements de costumes des acteurs (qui ont lieu sur scène). Des trappes permettent l'apparition ou la disparition des comédiens ; autre particularité de la scène : une passerelle qui s'avance au milieu des spectateurs.

L'ORCHESTRE
L'orchestre appelé « geza » assure les différentes ambiances et atmosphères (évocations des lieux, des époques, imitation de la pluie, du tonnerre, de la neige...). Il est placé derrière un store, en dehors de la scène.

Le kabuki a été classé parmi les chefs-d'œuvre du patrimoine oral et immatériel de l'humanité par l'Unesco (24 novembre 2005).

DÉROULEMENT

ÉCOUTE LIBRE
Noter les remarques spontanées (style, impressions, instrumentation...).

ÉCOUTE DIRIGÉE
Demander aux élèves de noter quelques éléments caractéristiques de l'œuvre (plusieurs écoutes seront nécessaires) :
- D'où peut provenir cette œuvre ? Insister pour que les élèves justifient leurs réponses.
- Quelle atmosphère inspire cet extrait ?
- Quels types d'instruments sont utilisés ? vent (flûte traversière en bambou), cordes (différentes sortes de luth ou de cithare), percussions (les tambours en sablier : tsuzumi et otsuzumi, taïko). Combien y en a-t-il (un, plusieurs) ? Jouent-ils tous en même temps ?

Présenter quelques instruments japonais.

Présenter le théâtre kabuki.

Visionner la vidéo « Le théâtre Kabuki, Unesco TV » sur YouTube, www.youtube.com (en français).

Séance 5

Objectif : en utilisant *Kabuki procession* comme support sonore, réaliser une production d'écrit et la théâtraliser

Compétences visées :
– exprimer ses émotions et ses impressions face à une œuvre musicale au moyen d'une production collective ;
– exprimer son appréciation pour qualifier une réalisation musicale à la fois comme acteur ou spectateur.

Matériel : CD 2, plage 6 (*Kabuki procession*)

DÉROULEMENT

ÉCOUTE

Réécouter l'extrait et le resituer en se remémorant la séance précédente.

RECHERCHE

Répartir les élèves en groupes de quatre à cinq élèves. Chaque groupe pourra écouter de façon autonome l'extrait musical.

Leur proposer la consigne suivante : « Vous allez écouter à nouveau l'extrait audio et imaginer l'histoire qu'il raconte. Plusieurs écoutes peuvent être nécessaires. Dans un premier temps, vous écrirez l'histoire (un seul texte par groupe). Puis, vous présenterez votre production au reste de la classe. Deux modalités sont possibles : soit vous lirez votre texte en vous appuyant sur les différents moments musicaux de l'extrait, soit vous mettrez votre histoire en espace et la jouerez. »

Guider les élèves dans leur démarche en posant des questions telles que : l'histoire présente-t-elle plusieurs épisodes ? Les instruments dialoguent-ils entre eux ? L'apparition ou la disparition d'instruments peut-elle suggérer un événement particulier ?

PRÉSENTATION

Chaque groupe d'élèves présente sa réalisation. Les élèves-spectateurs sont invités à commenter respectueusement la production de leurs pairs d'un point de vue analytique. Amener les élèves à aller au-delà de « J'aime/je n'aime pas ».

Éléments d'évaluation

L'évaluation peut avoir pour objet de faire identifier un extrait de musique asiatique parmi d'autres :
- bourrée auvergnate ;
- danse câllée québécoise ;
- polyrythmie africaine ;
- musique chinoise ;
- huayno péruvien ;
- musique klezmer...

Le nombre d'extraits proposés variera en fonction du niveau de classe.

POUR ALLER PLUS LOIN

Dans le cadre de l'histoire des arts, en liaison avec cette séquence, d'autres arts peuvent être abordés :
- les arts de l'espace (les bonsaïs) ;
- l'architecture (les temples bouddhistes et les sanctuaires shinto) ;
- les arts du langage (le haïku) ;
- les arts du quotidien (le sado ou cérémonie du thé) ;
- les arts du spectacle vivant (le buto, danse contemporaine) ;
- les arts du visuel (les mangas, les estampes).

VALS
AVEC
TAKO

Valser avec Chostakovitch

ER
CHOS
VITCH

PARTIE 10

Cette séquence a pour fil conducteur la valse, danse en couple au rythme tournoyant grâce à ses trois temps rapides. C'est l'occasion pour les élèves d'apprendre une chanson française actuelle et de retrouver l'allure caractéristique de la valse dans une œuvre du XXe siècle pour orchestre du compositeur russe Chostakovitch.

SUPPORTS MUSICAUX UTILISÉS	*J'envoie valser*, paroles de Zazie, musique de Phil Baron « Valse n° 2 », extrait de la *Suite Jazz n° 2* de Chostakovitch
NIVEAUX DE CLASSE	CE2, CM1, CM2
OBJECTIF PRINCIPAL DE LA SÉQUENCE	Connaître et reconnaître la valse
COMPÉTENCES VISÉES	Interpréter de mémoire une chanson Participer avec exactitude à un jeu rythmique Repérer des éléments caractéristiques simples Reconnaître des œuvres musicales préalablement étudiées
DESCRIPTION DE LA SÉQUENCE	Séances 1 et 2 : Apprentissage de la chanson Séances 3 et 4 : Poursuite de l'apprentissage et écoute de la valse de Chostakovitch Séance 5 : Écoute active et productions rythmiques corporelles Éléments d'évaluation

Séances 1 et 2

Objectif : apprendre la chanson *J'envoie valser*

Compétences visées :
– contrôler volontairement sa voix ;
– ressentir une pulsation à 3 temps.

Matériel :
– CD 2, plage 7 (*J'envoie valser*) ;
– CD 2, plage 8 (bande orchestre de *J'envoie valser*).

PRÉSENTATION DU CHANT

J'envoie valser a été composé par Zazie et Phil Baron.

Zazie est une artiste française née en 1964 à Boulogne-Billancourt (région parisienne). Après des études de kinésithérapeute puis de langues étrangères, elle devient mannequin avant de se tourner vers la musique (synthétiseur, saxo, chant...).

En 1995, elle écrit les paroles de *J'envoie valser* sur une musique de son frère, Phil Baron.

On peut y voir une exaltation de l'amour désintéressé aux antipodes de l'univers du luxe et de la mode. Est-ce, pour Zazie, une manière de prendre ses distances par rapport à un monde qu'elle a côtoyé pendant la période où elle était mannequin ? Si le choix du rythme de la valse pourrait apparaître comme un clin d'œil au titre, fondé sur un jeu de mots (valser = danser, valser = jeter), elle évoque, dans un sens plus fort et poétique, l'image d'un couple d'amoureux qui danse si intensément qu'il en oublie, le temps d'une valse, le monde artificiel des objets qui nous entourent et auxquels on accorde trop de valeur par rapport aux êtres humains.

J'ENVOIE VALSER

Paroles de Zazie – Musique de Phil Baron

Introduction instrumentale

J'en vois des qui s'donnent, donnent des bijoux dans le cou
C'est beau mais quand mêm[e] ce n'sont que des cailloux
Des pierr[es] qui vous roulent, roul[ent] et qui vous coul[ent] sur les joues
J'aim[e] mieux que tu m'aim[es] sans dépenser des sous

Moi je m'en moqu[e], j'envoie valser
Les trucs en toc, les cag[es] dorées
Toi quand tu m'serr[es] très fort c'est comm[e] un trésor
Et ça et ça vaut de l'or

J'en vois des qui s'lancent des r'gards et des fleurs puis qui s'laiss[ent]
Quelqu[e] part ou ailleurs entr[e] les ros[es] et les choux
J'en connais des tas qui feraient mieux de s'aimer un peu
Un peu comme nous qui nous aimons beaucoup

Et d'envoyer ailleurs valser
Les bagu[es] et les cœurs en collier
Car quand on s'aim[e] très fort c'est comm[e] un trésor
Et ça et ça vaut de l'or

Instrumental

Moi pour toujours j'envoie valser
Les preuv[es] d'amour en or plaqué
Puisque tu m'serr[es] très fort c'est là mon trésor
C'est toi, toi qui vaux de l'or.

DÉROULEMENT

En amont de l'apprentissage proprement dit, la chanson aura fait l'objet d'une écoute préalable qui aura été l'occasion d'un questionnement sur le sens : qui s'exprime dans la chanson ? À qui s'adresse-t-on ? Qu'est-ce qui a le plus de valeur, les sentiments, les cadeaux que l'on fait ?

Relever des traits d'humour à travers les jeux sur les mots (dans le titre notamment).

Les élèves seront également conduits à s'exprimer sur leurs ressentis : perception des caractéristiques rythmiques (balancement régulier, mouvement tournoyant), couleurs instrumentales (présence de l'accordéon), ambiance sonore (tranquillité, douceur, nostalgie).

À noter que la version proposée ici est chantée un ton plus haut que l'original de Zazie, pour être plus en accord avec les possibilités vocales courantes des enfants.

PRÉPARATION CORPORELLE ET VOCALE

Éveil corporel
Se mettre debout et s'étirer.

Debout, bras relâchés le long du corps, genoux débloqués, tester son équilibre en se balançant lentement de gauche à droite (légère rotation du corps). Ne pas décoller les pieds mais percevoir le contact avec le sol en fléchissant un genou puis l'autre. Donner de la régularité au mouvement en comptant « 1, 2, 3 » en boucle et assez rapidement : à 1, on change le sens du balancement. C'est cette pulsation à la mesure qu'il faut ressentir et que l'on retrouvera dans le rythme de la valse avec un premier temps appuyé.

Éveil du souffle
On imagine que l'on tient un accordéon et qu'on écarte les côtés du soufflet pour le remplir d'air puis on expire en produisant un « ssss » sur quatre pulsations lentes (compter tout haut pour les élèves). Penser à sourire pendant les « ssss ».

Variante pour susciter l'appropriation personnelle de la situation par les élèves : à partir d'une pulsation donnée par l'enseignant, un élève produit un « ssss » sur un nombre de pulsations de son choix ; les autres élèves doivent retrouver le nombre de pulsations choisi.

Éveil vocal
Afin de favoriser un réveil vocal en douceur, des onomatopées sont utilisées en remplacement des paroles.

Chanter bouche fermée (« mmm ») sur le début (« J'en vois des qui ») : faire répéter plusieurs fois et inciter à une écoute mutuelle pour améliorer la cohésion et la justesse ; diriger la vocalise en faisant tenir le son qui correspond à « qui » (main ouverte, paume vers le ciel) et couper délicatement la fin (rotation de la main et fermeture « du bout des doigts »).

Idem sur « Moi je m'en moqu(e) » ; faire tenir, au besoin, les notes dont la justesse serait à préciser.

Chanter « lou-ou » sur « les cag(es) dorées ».

Chanter « no no no » sur « toi quand tu m'serr(es) ».

Rechercher avec les élèves des intentions différentes (en parlé expressif) sur une phrase extraite des paroles de la chanson : « Moi je m'en moqu(e) ! ». Relancer avec des mots inducteurs : agacé, fatigué, énervé, moqueur, amusé, décidé...

Pour les passages plus aigus en voix de tête (ex. : « Toi quand tu m' serr(es) »), passer par une courte phase de travail en voix parlée expressive en variant les intonations.

Chanter le début de la chanson *a cappella*.

APPRENTISSAGE DU CHANT

Les points délicats nécessitant un apprentissage particulier concernent essentiellement la justesse avec une partie en voix de tête. Ils ont été abordés lors de la mise en voix.

On prévoira une séance de travail par couplet.

Écouter le premier couplet

Faire percevoir le balancement (pulsation à la mesure) en faisant le lien avec la préparation vocale.

Apprendre le premier couplet

Mémorisation des paroles en parlé-rythmé par courts segments qui se chevauchent :
- « J'en vois des qui s'donnent, » (trois fois en variant les caractères : joyeux, triste...) ;
- « s'donnent, donnent des bijoux » ;
- « des bijoux dans le cou » ;
- etc.

Reprise en voix chantée par imitation en veillant à la justesse.

Écouter la version orchestre en chantant les paroles « dans sa tête » (CD2, plage 8).

Chanter à pleine voix avec la version orchestre. À terme, l'enseignant dirige les élèves sans chanter lui-même mais en mimant les gestes vocaux du chanteur.

Apprentissage du second couplet et du second refrain

Écoute du second couplet en version chantée : attirer l'attention des élèves sur les différences de mélodie par rapport au premier couplet (voir partition et notes surmontées de l'indication « 2e couplet » entre parenthèses) :

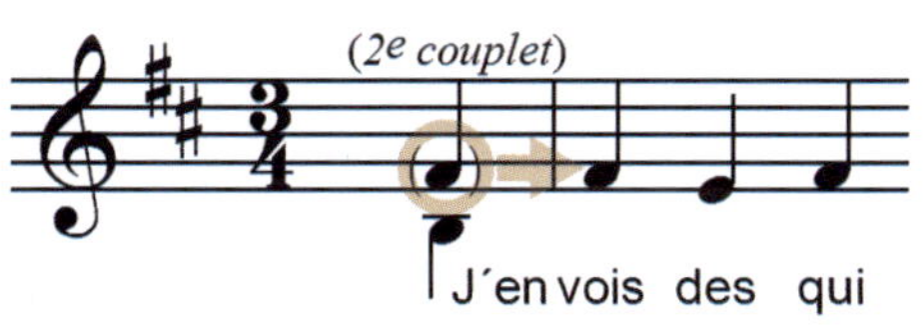

« J'en » est chanté sur la même hauteur que « vois ».
« J'en » est chanté sur la même hauteur que « co ».

Dans « qui nous aimons beaucoup », la voix monte jusqu'à « mons » et le rythme de tout ce passage est régulier, y compris sur « beau ».

Apprentissage de la partie A du second couplet (voir démarche ci-dessus pour le premier couplet).

Écoute de la partie B avec consignes :
- relever les variantes dans les paroles (voir texte p. 141) ;
- attirer l'attention des élèves sur les différences de rythme/tempo et de mélodie par rapport au premier couplet :

« sor » de « trésor » est chanté plus longtemps ; sur la partition, cette tenue est indiquée par le point d'orgue :
Compter quatre pulsations rapides (sur les doigts) pour aider les élèves à reprendre.

Séances 3 et 4

Objectifs :
- poursuivre l'apprentissage du chant ;
- écouter et analyser la *Valse n°* 2 de Chostakovitch.

Compétences visées :
- identifier la mesure à trois temps caractéristique de la valse (appui sur le 1er temps) ;
- identifier quelques instruments de l'orchestre, notamment le saxophone (soliste).

Matériel :
- CD 2, plage 7 (*J'envoie valser*) ;
- CD 2, plage 9 (« Valse n° 2 », extrait de *Suite Jazz n°* 2).

PRÉSENTATION DE L'ŒUVRE

Titre : « Valse n° 2 », extrait de *Suite Jazz n°* 2

Compositeur : Dmitri Chostakovitch

Genre : musique instrumentale classique

Instrumentation : orchestre symphonique (cordes, vents, percussions)

Dans une valse, le temps fort est très souvent appuyé et joué par les instruments graves. Il est suivi de deux temps faibles joués plus aigus. En fonction du tempo de la danse, on perçoit une pulsation à la mesure dans laquelle on peut compter trois appuis (un fort et deux plus légers). La musique semble animée d'un mouvement ternaire tournoyant : **1**-2-3 ; **1**-2-3 ; **1**-2-3 ; **1**-2-3... Sur cette musique, les danseurs forment des couples qui tournent sans fin sur la piste de danse traditionnellement en bois : leurs pas semblent glisser sur le parquet.

LE COMPOSITEUR

Dmitri Chostakovitch est un musicien russe né en 1907 à Saint-Pétersbourg et mort à Moscou en 1975. Dans sa jeunesse, à l'époque du cinéma muet, il jouait du piano pendant les films. Moderne et avant-gardiste, la musique du compositeur heurtait le goût académique que Staline voulait alors imposer au peuple russe, la jugeant trop « formaliste ». Chostakovitch vécut le siège de Leningrad par les troupes de Hitler durant la Seconde Guerre mondiale. Il composa une symphonie en hommage à la ville et ses défenseurs héroïques qui résistèrent aux assauts allemands pendant 900 jours.

La musique de Chostakovitch est souvent marquée par un mélange de sérieux, de gravité et d'ironie. Pour ceux qui l'ont bien connu, c'était une manière de se moquer de Staline et de déjouer les attentes du pouvoir soviétique en matière de supposé « bon goût ».

L'ŒUVRE

Cette valse est extraite de la *Suite Jazz n° 2*, encore appelée *Suite pour orchestre de variétés*. Cette *Suite* a été vraisemblablement composée par Chostakovitch pour offrir du répertoire varié et plaisant aux orchestres de variétés soviétiques. En effet, le pouvoir russe attendait de ces orchestres qu'ils offrent une alternative aux grands orchestres de jazz américains. La suite compte huit mouvements : « Marche », « Valse lyrique », « Danse n° 1 », « Danse n° 2 », « Petite polka », « Valse n° 1 », « Valse n° 2 », « Finale ». Cette musique ne répond pas aux critères habituels du jazz : il n'y a pas de passage improvisé, le rythme est assez éloigné du balancement du swing.

La valse proposée ici porte par tradition le numéro 2, car dans la suite de mouvements, elle est directement précédée d'une première valse assez similaire (même rythme, même balancement, mêmes instruments présents, mélodies ressemblantes...).

DÉROULEMENT

Courte reprise de la chanson *J'envoie valser*/fin de l'apprentissage.

Relever les changements de paroles dans la dernière partie chantée.

Rapprocher le troisième couplet du deuxième : même arrêt sur « trés**or** » et même passage mélodique par l'aigu sur « toi qui va**ux** de l'or ».

ÉCOUTES SUCCESSIVES DE LA *VALSE N° 2*

Après une première écoute découverte, questionner les élèves autour de leurs premières impressions, de leur ressenti : dire ce qu'on ressent émotionnellement, corporellement...

Pour ressentir le balancement, focaliser l'attention des élèves sur l'introduction (quatre premières mesures) avec le temps fort (1er temps) dans le grave auquel répondent deux sons aigus plus légers (avec notamment une caisse claire).

Identifier ensuite les caractéristiques suivantes de la valse :
- appui sur le premier temps ;
- mouvement de balancement et/ou effet tournoyant.

Pour cela, imaginer (ou visionner) un couple de danseurs qui tourne sur une piste de danse, faire le lien avec la chanson en cours d'apprentissage (se rappeler le titre…).

Questionner ensuite les élèves sur les caractéristiques musicales (dire ce qu'on entend, ce qu'on reconnaît) :
- cordes graves des contrebasses et violoncelles pour le premier temps (temps fort) ;
- solo de saxophone (thème joué au saxophone alto, cf. CD 2, plage 10) ;
- percussions ;
- orchestre symphonique ;
- mouvement de danse (valse…).

Quelques éléments à repérer lors de l'écoute :
- pulsation à la mesure bien marquée ;
- rythme de la valse repéré grâce aux timbres d'instruments :
  - temps 1 = cordes graves,
  - temps 2 et 3 = caisse claire avec timbre métallique.

En fin de séance, les élèves réécoutent la valse de Chostakovitch. C'est pour eux l'occasion d'éprouver le plaisir de retrouver ce qu'ils ont découvert.

Séance 5

Objectif : participer avec exactitude à un jeu rythmique dans une démarche d'écoute active.

Compétences visées :
- frapper la pulsation en dissociant le temps fort des temps faibles ;
- produire des sons corporels, les classer en fonction de leur hauteur et les utiliser pour réaliser un accompagnement rythmique.

Matériel : CD 2, plage 10 (version saxophone de la *Valse n° 2*).

DÉROULEMENT

PRATIQUE VOCALE

Il se peut que certains élèves ne parviennent toujours pas à compter les temps, car ils comptent plutôt spontanément à la mesure. Dans ce cas, en accompagnement de la musique, on frappera sur le premier temps en disant « 1 » puis on intercalera « 2, 3 ».

Puis, on proposera l'accompagnement vocal suivant :
- l'onomatopée « doum » (cordes graves) sur le temps 1 ;
- l'onomatopée « tchi tchi » (caisse claire) sur les temps 2 et 3.

PRATIQUES CORPORELLES

Écouter les différents sons produits par les frappés corporels : pieds, cuisses, poitrine, mains, doigts/claquements de langue.

Les classer en deux groupes selon leur hauteur :
- les sons graves comme les cordes graves (« doum ») ;
- les sons aigus comme la caisse claire (« tchi tchi »).

En choisir deux qui matérialiseront le temps 1 et les temps 2 et 3. Par exemple :
- temps 1 = poitrine (son grave) ;
- temps 2 et 3 = claquements de langue (son aigu).

Recourir à un codage pour faciliter la mémorisation des propositions et essayer différentes combinaisons.

DOIGTS OU CLAQUEMENT DE LANGUE POUR LES PLUS JEUNES

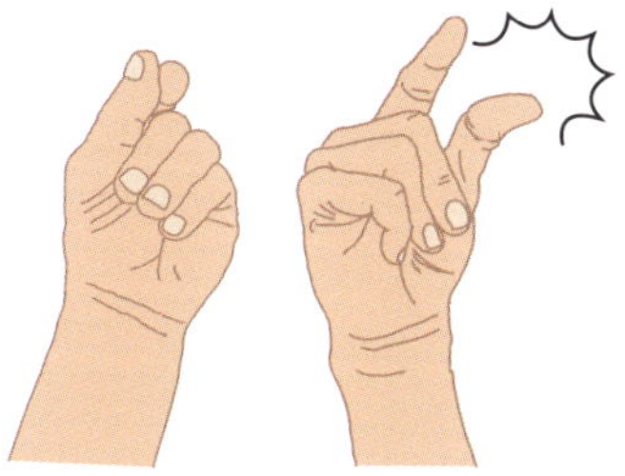

MAINS

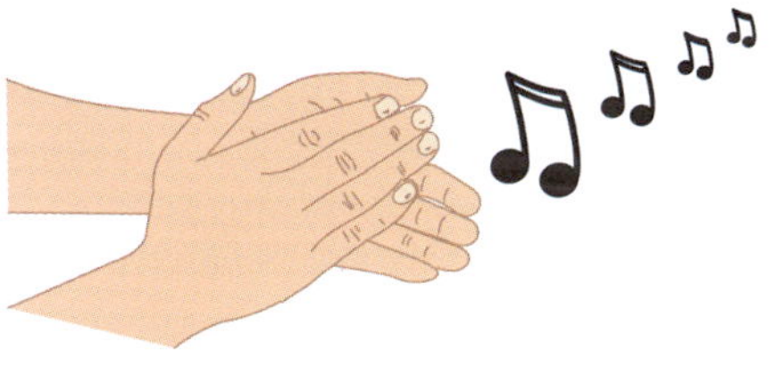

POITRINE (SUR LE CÔTÉ PRÈS DE L'ÉPAULE)

CUISSE(S)

PIED(S)

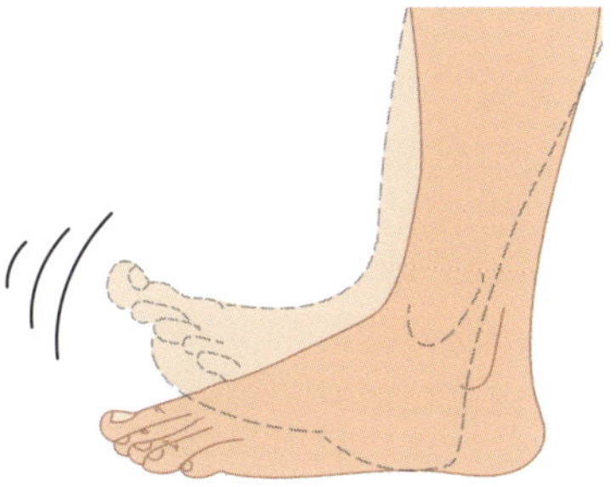

MISE EN PLACE DE L'ACCOMPAGNEMENT RYTHMIQUE

Superposer les frappés corporels dans un premier temps sur l'œuvre originale puis sur la mélodie jouée au saxophone.

Éléments d'évaluation

L'évaluation peut avoir pour objet de faire identifier au moins une musique de valse parmi d'autres :
- la valse de Tchaïkovski, « La mère Gigogne et les polichinelles », extraite de *Casse-Noisette* (CD 1, plage 6, à partir de 0'58) ;
- un rock : *Rock Around the Clock* de Bill Haley (rythme binaire) ;
- une bossa-nova brésilienne : *Blue Bossa* de Kenny Dorham (rythme binaire avec des contretemps – CD 2, plage 13) ;
- la *Polonaise héroïque n° 6 op. 53 en la bémol majeur* de Chopin (rythme à 3 temps – à écouter sur Musique Prim) ;
- la valse *Le Beau Danube bleu* de Johann Strauss (sensation de mouvement tournoyant, avec des premiers temps appuyés par les sons graves des contrebasses ; moyens musicaux/instruments à rapprocher de la *Valse n°* 2 de Chostakovitch) ;
- un reggae : *We Free Again* de Groundation (CD 2, plage 22).

LA B

C’ES

FÉRE

La bossa, c'est différent !

PARTIE 11

Cette séquence est l'occasion d'identifier un style musical important appartenant au domaine des musiques improvisées : le jazz latin, né dans les années 1950 et nourri de rythmes sud-américains. La chanson reprend le rythme de la bossa-nova brésilienne.

SUPPORTS	*Différents d'une même famille* d'Arnaud Chatirichvili *Blue Bossa* de Kenny Dorham
NIVEAUX DE CLASSE	CE2, CM1, CM2
OBJECTIF PRINCIPAL DE LA SÉQUENCE	Connaître et reconnaître la bossa-nova
COMPÉTENCES VISÉES	Interpréter de mémoire une chanson Participer avec exactitude à un jeu rythmique inspiré du rythme de la bossa Repérer la rythmique caractéristique de la bossa Connaître quelques éléments culturels d'un autre pays
DESCRIPTION DE LA SÉQUENCE	Séances 1 et 2 : Découverte et apprentissage du chant *Différents d'une même famille* Séance 3 : Apprentissages rythmiques Séance 4 : Découverte de l'œuvre *Blue Bossa* Éléments d'évaluation

Séances 1 et 2

Objectif : apprendre un chant au rythme syncopé (bossa-nova brésilienne)

Compétences visées :
- avoir une posture adaptée à la production sonore ;
- repérer et reproduire avec exactitude des formules rythmiques chantées ;
- repérer et reproduire avec justesse une phrase mélodique ;
- tenir sa place et respecter les exigences liées à l'expression musicale collective.

Matériel : CD 2, plage 11 (*Différents d'une même famille*)

PRÉSENTATION DU CHANT

Différents d'une même famille est un titre issu du répertoire des chansons pour la jeunesse. À travers les paroles, l'auteur-compositeur Arnaud Chatirichvili appelle les hommes à plus de fraternité au-delà de leurs différences.

Le chant se compose de quatre couplets commençant tous par le même vers : « Différents, d'une même famill(e) ». Ce vers, répété, constitue ainsi un refrain intégré. La répétition renforce le message essentiel de la chanson : les différences sont secondaires. Le plus important est ce qui unit et rassemble les hommes dans « une même famille ». De plus, le dernier couplet reprend exactement le premier mais cette fois, les enfants chantent en dialoguant avec la flûte qui personnifie la colombe de la paix, qui semble voler autour d'eux.

Le style musical brésilien crée une ambiance apaisante. L'association de ce style et du message de fraternité pourra rappeler la chanson *Et pourtant dans le monde*, interprétée par Georges Moustaki.

Sur le plan des apprentissages musicaux, l'intérêt pédagogique principal de ce chant tient au fait de bien placer les paroles sur le rythme de bossa-nova, sans précipiter les interventions. Cela nécessite de bien écouter l'accompagnement instrumental pour percevoir les appuis rythmiques syncopés.

DIFFÉRENTS D'UNE MÊME FAMILLE

Paroles et musique d'Arnaud Chatirichvili

Introduction instrumentale

Différents, d'une même famill(e)
Des enfants, des garçons et des fill(es)
Héritiers de la terr(e) et du ciel
Frères sous le soleil.

Différents, d'une même famill(e)
Partageant notr(e) amour de la vie
Séparés par des temps de misèr(e)
Unis dans la lumièr(e).

Différents, d'une même famill(e)
Refusant la hain(e), la calomnie
Enrichis par cett(e) autre présenc(e)
Par notre différenc(e).

Intermède instrumental

Différents, d'une même famill(e)
Des enfants, des garçons et des fill(es)
Héritiers de la terr(e) et du ciel
Frères sous le soleil. *(3 fois)*

DÉROULEMENT

On répartira l'apprentissage du chant sur deux séances.

PRÉPARATION VOCALE ET CORPORELLE

Éveil corporel
Proposer le scénario ci-dessous aux enfants :
- « Imaginer qu'on a un ballon de baudruche légèrement gonflé... » : tenir le ballon dans ses mains devant soi à la hauteur de son ventre.
- « Le ballon grossit » : écarter les bras pour le maintenir.
- « Une fois qu'il est assez gros, il va pouvoir s'envoler » : pousser sur le ballon avec les paumes de mains vers le ciel pour l'aider à décoller.
- Puis redescendre lentement les bras sur le côté en gardant les paumes vers le ciel le plus longtemps possible. Dans le mouvement, les mains tracent deux grands arcs de cercle symétriques depuis le sommet (comme dans un ralenti de cinéma).

Répéter la situation plusieurs fois pour bien mémoriser et affiner les gestes.

Éveil du souffle
Reprendre le scénario précédent en y ajoutant des respirations coordonnées et contrôlées :
- Sonoriser le bruit de l'air qui entre en continu dans le ballon quand il grossit : « ssss... » (les mains s'écartent progressivement).
- Pendant ce « sss... », compter quatre pulsations en décomposant comme suit : « 1 et 2 et 3 et 4 et ».
- Sur le dernier « et » (après 4), « pousser sur le ballon pour l'aider à décoller » : diriger les paumes des mains vers le ciel.
- « Le ballon décolle » : mimer une attitude d'étonnement, bouche entrouverte, yeux écarquillés... Laisser l'inspiration se faire naturellement.

Répéter plusieurs fois pour bien coordonner les gestes et les respirations.

Éveil vocal
Suivre avec sa main les mouvements imaginaires du ballon et inviter les élèves à les sonoriser au moyen de sirènes (« ou »). Penser à varier la vitesse et la hauteur.

APPRENTISSAGE DU CHANT
Écoute de la version chantée enregistrée (CD 2, plage 11) puis échanges et questionnements sur le contenu et la forme :
- rappeler et reformuler les paroles pour clarifier leur sens ;
- dégager la thématique référée à la citoyenneté (fraternité, tolérance...) ;
- identifier les instruments et les voix (guitare [électrique], flûte, basse, batterie, voix d'homme) ;
- s'interroger sur le style musical et son origine : musique d'inspiration sud-américaine (Brésil).

À noter que le choix du style brésilien pour mettre en musique cette chanson n'est peut-être pas le fruit du hasard, dans la mesure où le Brésil est un pays aux influences culturelles très variées et mélangées (voir ci-après les remarques historiques dans la présentation de *Blue Bossa*, p. 158).

APPRENTISSAGE DU PREMIER COUPLET

Mémoriser les paroles du premier couplet en parlé-rythmé. Pour une bonne mise en place rythmique, il est important de dynamiser l'apprentissage en installant un aller-retour sans temps mort entre l'enseignant et le groupe, avec des gestes de direction de la main :

- Placement rythmique de la syllabe « férents » dans « Différents » : isoler et dissocier. Les élèves commencent « Dif… » et l'enseignant enchaîne au bon moment « …férents » ; inversion des rôles ; répartition des interventions entre deux groupes d'élèves.
- Placement des mots « d'une même famille » : faire précéder cette formule (toujours en parlé-rythmé) d'un geste de la main ou du corps sur la pulsation juste avant « d'une » pour matérialiser le silence.
- Particularité rythmique du dernier vers du couplet : le silence est plus court. « Frères sous »… « le soleil » : « le soleil » est prononcé plus tôt, il faut anticiper par rapport aux paroles des vers précédents.

APPRENTISSAGE DE LA MÉLODIE

Les différentes formules mélodiques de ce chant sont très ressemblantes. Elles ne diffèrent que par une note ou deux. Certaines sont ascendantes, d'autres descendantes.

- Lignes 1 et 2, mêmes formules descendantes :

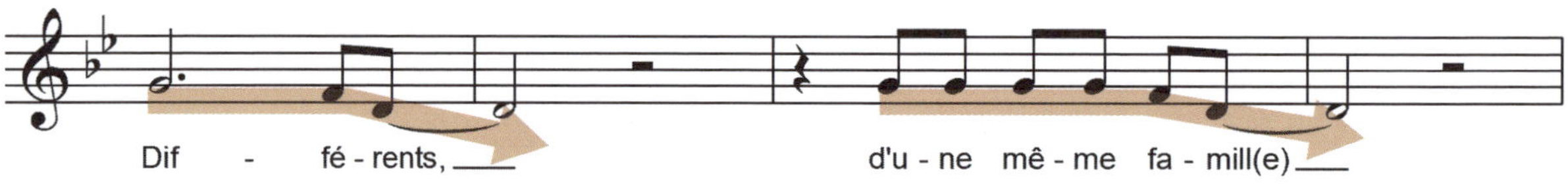

- 3e ligne, même note de départ mais formules ascendantes :

- 4e ligne, formule mélodique descendante plus grave puis conclusion ascendante (soigner la justesse de « so » dans « le soleil ») :

L'enseignant et les élèves accompagneront chaque type de formules par un geste différent.

Pour faire apprendre chaque couplet aux élèves, on peut procéder de la manière suivante :
- chanter le premier vers ; les élèves reprennent ;
- *idem* pour les vers suivants ;
- enchaîner les quatre vers du couplet.

Pour renforcer la mise en place rythmique et la justesse vocale, utiliser les versions enregistrées :
- version chantée (CD 2, plage 11) : chant intérieur (« chanter dans sa tête ») ;
- version instrumentale (CD 2, plage 12) : chant réel.

Bien faire identifier la particularité rythmique du dernier vers de chaque couplet :
– « Frères sous »... « le soleil. »
– « Unis dans »... « la lumière. »
– « Par notre »... « différence. »
– « Frères sous »... « le soleil. »

Chanter la chanson en entier sur la version instrumentale.

Séance 3

Objectif : participer à un jeu rythmique inspiré du rythme de la bossa-nova

Compétences visées :
– reproduire et produire des formules rythmiques avec la voix ;
– reproduire et produire des formules rythmiques sur des objets sonores appropriés.

Matériel : CD 2, plage 12 (bande orchestre de *Différents d'une même famille*)

DÉROULEMENT

Le rythme de la bossa sera abordé lors de jeux vocaux préparatoires sous forme de questions-réponses en parlé-rythmé :

– Reproduire de courtes formules rythmiques avec la voix ; prononcer les onomatopées dans un débit calme et régulier, mettre le « Tchi » en valeur en l'accentuant.
  « **Tchi** ka »
  « **Tchi** ka ta »
  « **Tchi** ka **Tchi** ka »
  « **Tchi** ka ta **Tchi** ka ta »
  « **Tchi** ka ta **Tchi** ka ta **Tchi** ! »
– Mettre en place une formule rythmique vocale de bossa-nova en veillant à la régularité et en accentuant les « Tchi » : « **Tchi** ka ta **Tchi** ka ta **Tchi** ka ta **Tchi** ka ta **Tchi** ka **Tchi** ka ».

Consolidation : prendre des repères visuels dans la partition ci-dessous ; constater que les syllabes correspondent à des croches attachées par 3 ou par 2. Toutes ces croches vont à la même vitesse. Les compter par groupe de 3 et de 2 le plus régulièrement possible en accentuant le « 1 », comme indiqué ci-après.

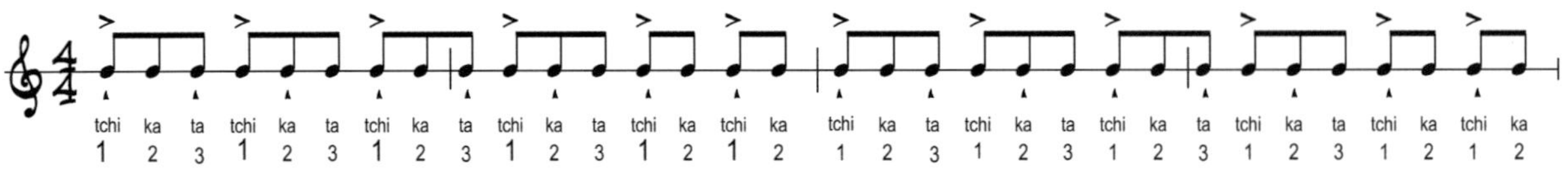

Réalisation de la formule rythmique avec un instrument (claves, tambourins, maracas frappés au creux de la main).

Pour mettre en valeur le rythme de bossa, l'enseignant ou un élève pourra frapper uniquement les « 1 » avec une percussion grave ou plus sonore.

Écouter la bande orchestre du chant *Différents d'une même famille* et opérer des rapprochements avec le travail rythmique effectué.

Séance 4

Objectif : découvrir une œuvre dans un style jazz latin au rythme caractéristique syncopé avec des passages improvisés

Compétences visées :
- identifier quelques instruments appartenant aux trois grandes familles (vents, cordes, percussions) et distinguer leurs rôles respectifs ;
- repérer des éléments caractéristiques de la bossa.

Matériel : CD 2, plage 13 (*Blue Bossa*).

PRÉSENTATION DE L'ŒUVRE

Titre : *Blue Bossa*

Compositeur : Kenny Dorham

Genre : jazz latin

Instrumentation : clarinette, saxophone, guitare, basse, batterie

Blue Bossa est un morceau jazz latin de style bossa-nova.

La bossa-nova a été créée au Brésil au cours des années 1950. Le Brésil est une terre de brassage des cultures africaines, européennes et amérindiennes. Cet immense pays est célèbre pour le carnaval de Rio et la danse de samba dont l'influence, dit-on, se fait sentir jusque dans la manière de dribbler des footballeurs brésiliens. La bossa-nova reprend le rythme de la samba mais dans un style plus doux et calme pour accompagner des chansons. En portugais, *bossa nova* signifie « nouvelle vague ».

En utilisant le rythme de la bossa-nova dans leurs musiques, les musiciens de jazz du milieu du xxe siècle ont développé le style du jazz latin dans lequel on retrouve des rythmes de l'Amérique du Sud (la samba, la bossa-nova…) et des Caraïbes (le calypso comme dans le morceau *Saint Thomas* de Sonny Rollins…). Après avoir joué le thème principal du morceau, ils se laissent porter par les rythmes de la batterie et les sons graves de la basse pour improviser.

Ainsi, le morceau *Blue Bossa* reprend la rythmique syncopée mais tranquille de la bossa-nova pour créer des ambiances sonores, pleines de nostalgie avec des phrases musicales improvisées nourries par les notes du blues. Son compositeur Kenny Dorham (1924-1972) est un musicien américain, trompettiste dans des ensembles de jazz de style be-bop et hard bop. En 1961, il découvre la bossa-nova au cours d'un voyage à Rio de Janeiro. Le titre *Blue Bossa* apparaît pour la première fois sur un disque enregistré en 1963.

ANALYSE MUSICALE DE L'ŒUVRE

00 min 00 s	00 min 31 s	01 min 00 s	01 min 27 s	01 min 54 s	02 min 23 s
Mélodie jouée à la clarinette et au saxophone à l'unisson	Mélodie jouée au saxophone avec contre-chant à la clarinette (à 00 min 42 s)	Solo improvisé du saxophone	Poursuite du solo + interventions de la clarinette	Solo improvisé de la clarinette	Poursuite du solo
02 min 51 s	**03 min 17 s**	**03 min 43 s**	**04 min 11 s**	**04 min 37 s à 04 min 44 s**	
Dialogue improvisé entre le saxophone et la clarinette	Mélodie proche du thème avec contre-chant de la clarinette	Mélodie jouée à la clarinette et au saxophone à l'unisson	Mélodie jouée à la clarinette et au saxophone à l'unisson	Envolée de la clarinette et fin	
La section guitare, basse, batterie assure le rythme de la bossa-nova.					

DÉROULEMENT

ÉCOUTE LIBRE

Relever les impressions premières (caractéristiques principales, climat musical, ambiance, instrumentation…).

ÉCOUTE DIRIGÉE

Repérer les instruments : saxophone, clarinette, batterie, basse, guitare (montrer des images, faire écouter les instruments isolés).

Fredonner l'air.

Percevoir les changements, distinguer le thème et les improvisations (voir analyse musicale page précédente).

Opérer des rapprochements avec le travail rythmique effectué en séance 3 : accentuation du « 1 » sur des groupes de trois ou deux croches.

Réécouter *Blue Bossa*. Pour les élèves, c'est l'occasion d'éprouver le plaisir de retrouver ce qu'ils ont découvert.

Éléments d'évaluation

L'évaluation peut avoir pour objet de faire identifier au moins une musique de bossa-nova parmi d'autres :
- la valse de Tchaïkovski « La mère Gigogne et les polichinelles », extraite de *Casse-Noisette* (CD 1, plage 6, à partir de 0'58) ;
- un rock : *Rock Around the Clock* de Bill Haley (rythme binaire) ;
- une bossa-nova chantée jazzy : *Girl From Ipanema* par Stan Getz et Joao Gilberto (rythme binaire avec des contretemps) ;
- la *Polonaise héroïque n° 6 op. 53 en la bémol majeur* de Chopin (rythme à 3 temps – à écouter sur Musique Prim) ;
- une bossa-nova chantée en français : *Les Eaux de mars* de Georges Moustaki ;
- un reggae : *We Free Again* de Groundation (CD 2, plage 22) ;
- une bossa-nova chantée en portugais : *Água de Beber* d'Antonio Carlos Jobim et Vinícius de Moraes.

UN OP
QU’ES
QUE C

Un opéra, qu'est-ce que c'est ?

PARTIE 12

La chanson de Bruno Isabellon présente l'opéra au moyen d'un canon.

L'opéra *Carmen*, œuvre française parmi les plus jouées au monde, est riche d'extraits qui font partie de la mémoire collective (la habanera : « L'amour est enfant de bohème », la séguedille : « Près des remparts de Séville », l'air du toréador : « Toréador, en garde », etc.). « Le chœur des gamins » permettra aux élèves de s'approprier un extrait du répertoire classique et de découvrir ou parfaire leurs connaissances sur l'opéra.

SUPPORTS MUSICAUX UTILISÉS	*Hop, hop opéra* de Bruno Isabellon « Le chœur des gamins », extrait de *Carmen* de Georges Bizet, acte I, scène 3
NIVEAUX DE CLASSE	CM1, CM2
OBJECTIF PRINCIPAL DE LA SÉQUENCE	Découvrir ce qu'est un opéra
COMPÉTENCES VISÉES	Interpréter de mémoire une chanson Participer avec exactitude à un jeu rythmique Repérer des éléments caractéristiques simples Identifier le domaine artistique dont les œuvres musicales étudiées relèvent en détailler certains éléments constitutifs en utilisant quelques termes d'un vocabulaire spécifique
DESCRIPTION DE LA SÉQUENCE	Séances 1 et 2 : Apprentissage du chant *Hop, hop opéra* Séance 3 : Présentation d'un style musical : l'opéra. Un exemple : *Carmen* de Georges Bizet Séance 4 : Écoute et analyse de l'extrait musical : « Le chœur des gamins » Séances 5 et suivantes : Phase de recherche afin de bien identifier les caractéristiques de l'opéra Éléments d'évaluation

Séance 1

Objectif : apprendre le chant *Hop, hop opéra*

Compétences visées :
- avoir une posture adaptée à la production sonore ;
- repérer et reproduire avec justesse une phrase mélodique ;
- repérer et reproduire avec exactitude une formule rythmique.

Matériel :
- CD 2, plage 14 (*Hop, hop opéra*) ;
- CD 2, plage 15 (bande orchestre de *Hop, hop opéra*).

PRÉSENTATION DU CHANT

Hop, hop opéra est un canon à trois voix composé par Bruno Isabellon.

Après une introduction au piano (quatre mesures), les enfants chantent une vocalise (« ouh », quatre mesures) puis présentent le chant une première fois (trois fois quatre mesures). Ensuite, les trois voix se mettent en place successivement pour former le canon. Les vocalises (« ouh », quatre mesures) sont reprises et terminent le chant avec un léger ralenti.

SCHÉMA DU DÉROULÉ DU CANON

A : « Si les leçons d'histoir(e) étai(ent) des opéras, nous jouerions tous les rôl(es), les manants et les rois. »

B : « Chantons à pleine voix, c'est magique l'opéra ! »

C : « L'orchestr(e) s'installe dans la foss(e), le chef est déjà là, ouvertur(e) et rideau, voilà ! »

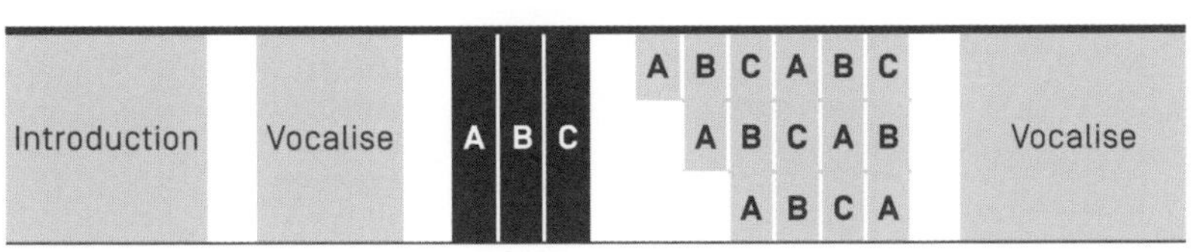

HOP, HOP OPÉRA

Paroles et musique de Bruno Isabellon

Introduction instrumentale

Ouh, ouh, ouh, ouh, ouh, ouh, ouh, ouh,

Si les leçons d'histoir(e) étaient des opéras
nous jouerions tous les rôl(es), les manants et les rois.
Chantons à pleine voix
c'est magique l'opéra.
L'orchestr(e) s'installe dans la foss(e),
le chef est déjà là, ouvertur(e) et rideau, voilà !

Ouh, ouh, ouh, ouh, ouh, ouh, ouh, ouh *(pour finir)*

DÉROULEMENT

PRÉSENTATION DU CHANT A CAPPELLA PAR L'ENSEIGNANT

Il sera souhaitable de ne pas faire écouter la version enregistrée pour la faire découvrir lors de la séance suivante. Vérifier la bonne compréhension du texte du chant (particulièrement : « l'orchestre est dans la fosse », « ouverture et rideau »), amener les élèves à verbaliser leur ressenti : que raconte la chanson ? De quoi parle-t-elle ?

ÉTAT DES LIEUX

Demander aux élèves ce qu'est un opéra. Noter, sans aucun jugement ni commentaire, leurs représentations sur une affiche. Celles-ci seront réutilisées à l'issue de la séance.

PRÉPARATION CORPORELLE ET VOCALE

Éveil corporel et du souffle

L'enseignant théâtralise l'histoire suivante en mimant les actions afin d'amener les élèves à faire de même.

HISTOIRE	ACTIONS
Ce soir, je vais à l'opéra ! Je vais écouter *Carmen* de Georges Bizet. C'est la première fois que je vais voir un opéra ; c'est mon cadeau d'anniversaire et je suis tout excité(e) !	
Mais c'est l'heure ! Vite ! Je vais être en retard !	Courir sur place en accélérant, puis en décélérant progressivement
Me voilà arrivé(e) !	Émettre de larges respirations pour reprendre son souffle après la course
Ajustons nos vêtements.	Ajuster ses vêtements
Avant de regagner ma place, je vais visiter un petit peu le théâtre. L'orchestre est dans la fosse ; les musiciens s'échauffent.	
Ils déverrouillent leurs chevilles, les genoux, le bassin ; ils vont rester longtemps assis !	Rotation des différentes articulations nommées, dans un sens, dans l'autre, de façon symétrique, asymétrique
Les violonistes préparent leurs épaules, leur nuque.	Même exercice pour les épaules (l'une après l'autre, puis les deux ensemble). Effectuer de petits mouvements pour déverrouiller les vertèbres cervicales
Les violoncellistes et les contrebassistes préparent aussi leurs bras.	Exercice identique
Le pianiste détend ses poignets et assouplit ses doigts.	Exercice identique
Les instrumentistes à vent détendent leur mâchoire, ils font des grimaces !	Mimer l'action et faire le concours de la plus belle grimace
Ils s'envoient des baisers !	Mimer l'action
Et maintenant, ils s'entraînent à bien respirer : ils gonflent leur ventre tel des ballons et les dégonflent lentement.	Les élèves accompagneront leurs larges respirations de mouvements avec les mains à hauteur du ventre ; veillez à laisser entrer l'air « naturellement », seule l'expiration est active
« J'entends les chœurs dans les coulisses ! Ils enchaînent les vocalises ! » 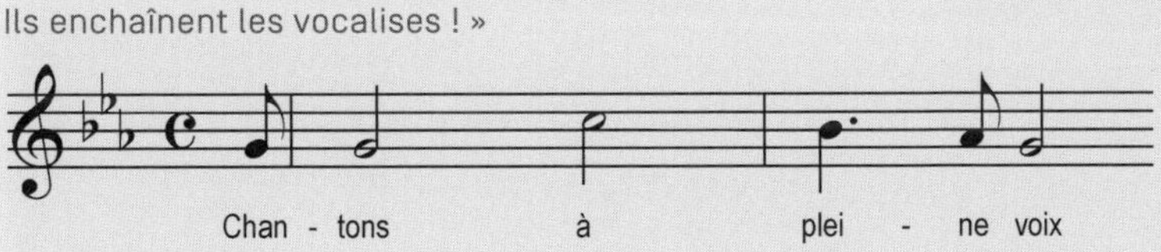	Chanter la vocalise suivante : Le son sera « rond » dans la bouche.

Montée chromatique par demi-ton de *sol* à *sib*. Si les élèves éprouvent quelques difficultés à chanter la note la plus aiguë, on les invitera à bien prendre appui dans le sol en pliant légèrement les genoux, par exemple (l'image suivante peut leur être proposée : « L'ascenseur ne monte que parce que le contrepoids descend ! »). Il faudra veiller à ce que les élèves ne basculent pas la tête vers l'arrière au moment de l'émission de cette note.

APPRENTISSAGE DE LA PHRASE A

Phrase A : « Si les leçons d'histoire étaient des opéras/nous jouerions tous les rôles, les manants et les rois. »

L'exécution de la phrase A dans sa globalité nécessitera une bonne gestion du souffle. Afin d'amener les élèves à travailler cette fluidité, séparer la classe en deux groupes. Un groupe d'élèves chantera la première partie de la mélodie, l'autre enchaînera la deuxième partie en essayant que le passage de l'une à l'autre soit le plus discret possible. Pour aider les élèves, l'enseignant veillera à accompagner par un geste de soutien de la main, l'ensemble de la phrase A.

Inverser les groupes. Faire chanter l'ensemble de la phrase A.

APPRENTISSAGE DE LA PHRASE B

La première partie de cette phrase a déjà été apprise lors de l'échauffement vocal.

APPRENTISSAGE DE LA PHRASE C

Aider les élèves à maintenir la durée de la noire pointée : « L'orchestr(e) » d'un geste de la main.

Les élèves remarqueront peut-être (ou l'enseignant les amènera à remarquer) qu'une formule rythmique se répète tout au long du chant :

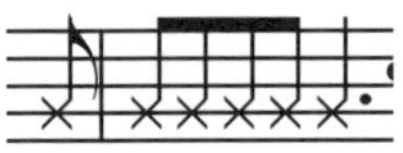

Enchaîner les trois phrases musicales.

Séance 2

Objectif : mettre en place le canon

Compétence visée : tenir sa voix et sa place en formation chorale et dans le domaine polyphonique (canons, chants à deux voix)

Matériel :
- CD 2, plage 14 (*Hop, hop opéra*) ;
- CD 2, plage 15 (bande orchestre de *Hop, hop opéra*) ;
- bandes de papier de trois couleurs différentes.

DÉROULEMENT

Verbalisation de la séance précédente.

Préparation corporelle et vocale : voir la séance précédente, page 167.

Révision du chant appris (vérifier l'exactitude mélodique et rythmique).

Écoute de la chanson enregistrée. Noter les remarques des élèves (c'est un canon).

Repérer les différentes entrées du canon. Construire collectivement un musicogramme au moyen de bandes de papier de couleur. Chaque bande de couleur correspond à une voix.

Exemple :

Repérer chaque phrase A, chaque phrase B, chaque phrase C.

Compléter le musicogramme.

A	B	C	A	B	C
	A	B	C	A	B
		A	B	C	A

METTRE EN PLACE LE CANON

Commencer par un canon à deux voix (avec deux groupes correspondant aux bandes vert foncé et vert moyen) plus simple à mettre en place.

Passer ensuite à la mise en place du canon à trois voix (trois groupes correspondant cette fois aux trois bandes).

On veillera à ce que les élèves s'écoutent mutuellement afin de bien prendre les repères mélodiques et rythmiques.

Séance 3

Objectif : présenter l'opéra à travers l'exemple de *Carmen* de Georges Bizet

Compétence visée : identifier le domaine artistique dont les œuvres musicales étudiées relèvent et en détailler certains éléments constitutifs en utilisant quelques termes d'un vocabulaire spécifique

Matériel : plusieurs extraits musicaux de l'opéra *Carmen* de Georges Bizet que l'enseignant aura recherchés

PRÉSENTATION DE L'ŒUVRE

Titre : *Carmen*

Compositeur : Georges Bizet

Genre : opéra-comique en quatre actes sur un livret de Henri Meilhac et Ludovic Halévy, d'après la nouvelle éponyme de Prosper Mérimée publiée en 1845.

INSTRUMENTATION

Les personnages solistes

Nom du personnage	Rôle dans l'œuvre	Hauteur de voix
Carmen	Cigarière et séduisante bohémienne	Mezzo-soprano
Micaëla	Jeune paysanne	Soprano
Frasquita	Bohémienne et amie de Carmen	Soprano
Mercédès	Bohémienne et amie de Carmen	Mezzo-soprano
Don José	Brigadier	Ténor
Escamillo	Célèbre torero	Baryton
Zuniga	Lieutenant	Basse
Moralès	Brigadier	Baryton
Le Dancaïre	Contrebandier	Baryton
Le Remendado	Contrebandier	Ténor
Lillas Pastia	Aubergiste	Rôle parlé
Un guide		Rôle parlé

Les chœurs : un chœur mixte, un chœur d'enfants.

L'orchestre : douze violons I et dix violons II*, huit altos, six violoncelles, quatre contrebasses, deux flûtes, un piccolo, deux hautbois, un cor anglais, deux clarinettes, deux bassons, quatre cors, deux trompettes, trois trombones, une harpe, des timbales, trois percussions.

Musique de scène : deux trompettes et trois trombones.

LE COMPOSITEUR

Alexandre César Léopold Bizet, rebaptisé Georges, est un compositeur français né en 1838 à Paris et mort en 1875. À l'âge de neuf ans, il entre au conservatoire de Paris où il étudie le piano, l'orgue et la composition. À dix-sept ans, il compose sa première symphonie, remporte le Grand Prix de Rome à dix-neuf ans et passe ensuite trois années à composer à la Villa Médicis. De retour en France, il transcrit des œuvres pour piano. Après la guerre de 1870, il devient chef des chants à l'Opéra-Comique. Il meurt d'une crise cardiaque à l'âge de trente-sept ans.

Ses œuvres les plus célèbres :
- 1855 : *Symphonie en ut majeur* ;
- 1863 : *Les Pêcheurs de perles* (opéra) ;
- 1867 : *La Jolie Fille de Perth* (opéra) ;
- 1872 : *Djamileh* (opéra en un acte) ;
- 1872 : *L'Arlésienne* (musique de scène pour le drame d'Alphonse Daudet) ;
- 1875 : *Carmen* (opéra).

L'ŒUVRE

L'action se situe en Espagne, à Séville. Arrêtée à la suite d'une querelle à la manufacture de tabac, la jeune bohémienne Carmen séduit le brigadier Don José venu l'emprisonner. Ce dernier tombe sous son charme et la laisse s'échapper. Par amour pour elle, il rompt ses fiançailles avec Micaëla, déserte et rejoint les contrebandiers. Mais Don José est si jaloux que Carmen finit par le repousser ; elle se laisse séduire par le torero Escamillo. Pendant que celui-ci combat le taureau dans l'arène, Don José et Carmen ont une ultime explication. Carmen refuse de le suivre malgré ses supplications ; celui-ci la poignarde avant d'avouer son crime à la foule.

Cet opéra, commande de l'Opéra-Comique de Paris, y a été créé le 3 mars 1875. Malgré l'échec des premières représentations (le public du XIXe siècle était très choqué par l'insoumission de Carmen), cet opéra est actuellement parmi les plus joués au monde.

DESCRIPTION DE L'OPÉRA ET EXTRAITS SPÉCIFIQUES

Acte I : sur la place de Séville règne une grande animation. Micaëla cherche Don José, son fiancé ; elle doit lui remettre une lettre de sa mère. Ne le trouvant pas, elle repart. Voici la relève de la garde, précédée par le chœur des gamins (« Avec la garde montante »). Après toute cette agitation, Don José et son lieutenant Zuniga discutent, entre autres des cigarières de la manufacture. Voici Carmen, la séduisante bohémienne, qui entreprend de charmer Don José (Habanera : « L'amour est un oiseau rebelle »). Elle repart à son travail pendant que Don José reçoit des mains de Micaëla la lettre de sa mère. Tous deux se remémorent tendrement le temps de leur enfance au village. À peine Micaëla a-t-elle disparu que retentissent des cris dans la manufacture de cigares. C'est Carmen qui se bat avec une autre employée et la blesse au visage. Le lieutenant Zuniga ordonne au brigadier Don José de l'arrêter et de l'emprisonner. Restés seuls, Carmen séduit Don José et lui donne rendez-vous (La séguedille : « Sous les remparts de Séville »). Il la laisse s'échapper.

Acte II : un mois plus tard, à la taverne de Lillas Pastia, c'est la fête (« Les tringles des sistres tintaient ») : les bohémiennes dansent, les officiers trinquent, on porte un toast au célèbre torero Escamillo (« Votre toast, je veux vous le rendre »). Les contrebandiers arrivent. Carmen attend la libération de Don José, emprisonné depuis un mois pour l'avoir laissé s'enfuir. Les retrouvailles sont joyeuses, Carmen danse pour lui. Mais la sonnerie du clairon rappelle son devoir à Don José : il doit réintégrer la caserne. Carmen se moque de lui, il proteste (« La fleur que tu m'avais jetée »). Elle insiste. Le lieutenant Zuniga vient le chercher mais les contrebandiers s'interposent et désarment le lieutenant. Don José n'a plus le choix, il doit suivre les contrebandiers dans la montagne.

Acte III : au pied des remparts de Séville, les contrebandiers attendent pour faire passer leurs marchandises. Les femmes doivent détourner l'attention des soldats, elles tirent les cartes ; Carmen, lassée de la jalousie de Don José, y lit sa fin tragique (« Mêlons, coupons »). Pendant ce temps, Don José garde le camp dans la montagne. Au petit jour, Micaëla le recherche pour le ramener dans le droit chemin et l'avertir de la mort proche de sa mère. Mais Don José trouve Escamillo, le torero, qui lui avoue son amour pour Carmen. Les deux hommes se provoquent en duel. Carmen et les contrebandiers interviennent à temps. Escamillo les invite alors tous à la corrida de Séville. Encouragée par Carmen, Micaëla convainc Don José de la suivre, ce qu'il fait.

Acte IV : à Séville une grande agitation règne, tous les acteurs de la corrida défilent, ainsi qu'Escamillo, Carmen à son bras (« Les voici, les voici, voici la quadrille »). Don José, rongé par la jalousie, assiste au défilé. Pendant la corrida, Carmen et lui ont une explication. Mais Carmen le repousse et, à bout d'arguments, lui jette sa bague au visage tandis qu'à l'intérieur des arènes, on entend les acclamations du public pour Escamillo. Carmen veut rejoindre son nouvel amant, Don José la tue (« C'est toi ! C'est moi ! »).

DÉROULEMENT

L'OPÉRA *CARMEN* DE GEORGES BIZET

Raconter l'opéra *Carmen*, comme si c'était une histoire en agrémentant le synopsis avec les extraits musicaux nommés. Il sera judicieux, lorsque cela sera possible, de visionner des vidéos correspondant aux extraits sélectionnés.

CARACTÉRISTIQUES D'UN OPÉRA

Suite à cette écoute, demander aux élèves d'extraire les principales caractéristiques de cet opéra. Généraliser ensuite : l'opéra est un genre musical mis en scène réunissant musique, chant, texte, danse, mise en espace, décors, costumes...

Séance 4

Objectif : écouter et analyser « Le chœur des gamins », extrait de *Carmen*

Compétences visées :
– soutenir une écoute prolongée en respectant des consignes d'écoute ;
– exprimer les impressions ressenties face à une œuvre musicale dans un dialogue avec le groupe.

Matériel : CD 2, plage 16 (« Le chœur des gamins », extrait de *Carmen*)

PRÉSENTATION DE L'EXTRAIT

« Le chœur des gamins » se situe dans le premier acte. La scène se passe sur la place très animée de Séville, devant un poste de garde, près de la manufacture de tabac. Le chœur des gamins mime la relève de la garde, défile au pas cadencé et chante cette scène pleine de mouvement. C'est une marche militaire (caractérisée par les timbres des instruments utilisés : trompettes, flûte piccolo qui rappelle le fifre) que l'on entend venir de loin.

ANALYSE MUSICALE

00 min 00 s à 00 min 16 s : sonnerie militaire jouée à la trompette, reprise deux fois. La mélodie est jouée *crescendo** pour suggérer la garde qui s'approche de la place.

00 min 16 s à 01 min 14 s : présentation du thème pour la première fois, joué d'abord par les flûtes piccolo – ponctuées par quelques traits de trompettes de plus en plus présentes – puis entonné par les trompettes. Les bois et les cordes s'ajoutent, accentuant le *crescendo* jusqu'à laisser la place au chœur des enfants. Tout au long de cette séquence, on entend différents bruits d'animation venant de la place, y compris les ordres du chef de la garde (« Garde à vous ! »).

01 min 14 s à 02 min 24 s : entrée très rythmée du chœur, accompagnée en *pizzicato** par les cordes. L'accompagnement mélodique est réalisé en alternance par les bois et les cordes. Les instruments de

l'orchestre s'ajoutent au fur et à mesure de la progression de la mélodie qui s'achève *fortissimo**. L'extrait se termine par des éclats de rire : les enfants rient du bon tour qu'ils ont joué à la garde en l'imitant.

Tout au long de l'extrait, on notera les nuances (notamment l'augmentation de l'intensité) qui marquent l'avancée des enfants sur scène. Les onomatopées (« ta ra ta ra ta ta... ») imitent les trompettes, clairons, instruments très présents dans les marches militaires.

Musique de Georges Bizet et livret de Henri Meilhac et Ludovic Halévy

Avec la garde montante
Nous arrivons, nous voilà !
Sonne trompett(e) éclatante,
Ta ra ta ta, ta, ra, ta, ta ;
Nous marchons la tête haute
Comme de petits soldats
Marquant sans faire de faute
Un(e), deux, marquant le pas.
Les épaules en arrière
Et la poitrin(e) en dehors,
Les bras de cette manière
Tombant tout le long du corps ;
Avec la garde montante
Nous arrivons, nous voilà !
Sonne trompett(e) éclatante,
Ta ra ta ta ta ra ta ta
Ta ra ta ta ra ta ta ta ra ta ta ra ta ta ta
Ta ra ta (*chœur 1*) ta ra ta (*chœur 2*) ta ra ta (*chœur 1*) ta ra ta (*chœur 2*) ta ra ta (*chœur 1*) ta ra ta ta ta (*tous*)
Ta ra ta ta ra ta ta ta ra ta ta ta ra ta ta ta
Ta ra ta (*chœur 1*) ta ra ta (*chœur 2*) ta ra ta (*chœur 1*) ta ra ta (*chœur 2*) ta ra ta (*chœur 1*) ta ra ta ta ta (*tous*)
Nous marchons la tête haute
Comme de petits soldats,
Marquant sans faire de faute
Un(e), deux, marquant le pas.
Les épaules en arrièr(e)
Et la poitrin(e) en dehors
Les bras de cette manière
Tombant tout le long du corps
Nous arrivons ! Nous voilà !
Ta ra ta ta ra ta ta ra ta ta ta ta ta ra ta ta

LE CHŒUR DES GAMINS

DÉROULEMENT

ÉCOUTE LIBRE

Noter les remarques spontanées (style, instrumentation, impressions...).

ÉCOUTE DIRIGÉE

Demander aux élèves de repérer quelques éléments caractéristiques de l'œuvre (plusieurs écoutes seront nécessaires) :
- Combien de parties présente cet extrait ? (deux parties : présentation instrumentale du thème puis reprise du thème par le chœur des enfants).
- Quel style de musique ? (marche militaire, noter la pulsation très marquée).
- Quels instruments principaux (les trompettes et les autres cuivres).
- Que raconte le chant ? Vérifier la bonne compréhension des paroles.

Inviter les élèves à se déplacer librement sur l'extrait en marchant sur la pulsation.

Défiler à la manière du « chœur des gamins » en fredonnant sa mélodie.

POUR ALLER PLUS LOIN

Apprentissage du chant *Le Chœur des gamins*.

Travail plus approfondi sur la musique militaire pour définir ses caractéristiques et ses fonctions.

Séance 5

Objectif : rechercher les éléments caractéristiques d'opéras célèbres afin de bien identifier le domaine artistique étudié

Compétence visée : identifier le domaine artistique dont l'œuvre relève en utilisant quelques termes spécifiques (ballet, opéra, musique d'orchestre, petite formation...)

Matériel : tout matériel pouvant aider les élèves à mener à bien une recherche (Internet, dictionnaire, documentaires, livres...)

DÉROULEMENT

RECHERCHE

Par groupe, les élèves choisissent un des opéras célèbres proposés dans le tableau page suivante. Ils cherchent ensuite les éléments caractéristiques de l'opéra sélectionné en s'aidant du tableau d'analyse.

Le tableau présente de façon non exhaustive quelques opéras, de la création du genre musical jusqu'au début du xxe siècle. Il aidera les enseignants qui pourront présenter la première ligne de ce tableau en complétant avec la classe le premier exemple. Les groupes d'élèves choisiront ensuite de traiter l'un ou l'autre des exemples proposés.

Compositeur/Librettiste	Titre de l'opéra	Caractéristiques : synopsis, extraits musicaux, extraits vidéo...
Claudio Monteverdi (1567-1643) Alessandro Striggio	*L'Orfeo*	Considéré comme l'un des premiers opéras. Opéra en italien, créé en 1607. Mythe d'Orfée et Eurydice (héros grec qui tente de sauver sa femme des enfers). Extrait : « Qual honor di te fia degno », acte IV
Jean-Baptiste Lully (1632-1687) Philippe Quinault	*Alceste*	Opéra en français, créé en 1674. Intrigue entre quatre personnages de la tragédie grecque. Extrait : « Marche des combattants en rondeau »
Henry Purcell (1659-1695) Nahum Tate d'après *L'Enéide* de Virgile	*Didon et Enée*	Opéra en anglais, créé en 1689. Les amours contrariées du couple royal Didon et Enée. Extrait : « When I am Laid »
Joseph Haydn (1732-1809) Giacomo Rossi	*Rinaldo*	Opéra en italien, créé en 1711. L'intrigue est inspirée de *La Jérusalem délivrée* de Le Tasse et évoque les amours d'Armide. Extrait : « Lascia ch'io pianga »
Jean-Philippe Rameau (1683-1764) Louis Fuzelier	*Les Indes galantes*	Opéra en français, créé en 1735. Succession de tableaux (Turquie, Perse, Pérou, Amérique du Nord) dans lesquels la danse est aussi importante que le chant. Extrait : « La danse du grand calumet de la paix », 4e entrée
Christoph Willibald Gluck (1714-1787) Ranieri de'Calzabigi	*Orphée et Eurydice*	Opéra en italien, créé en 1762. Mythe grec d'Orphée et Eurydice (cf. synopsis de *L'Orfeo*). Extrait : « Che farò senza Euridice » (J'ai perdu mon Eurydice), acte III
Wolfgang Amadeus Mozart (1756-1791) Lorenzo da Ponte	*Don Giovanni (Don Juan)*	Opéra en italien, créé en 1787. À Séville, mythe du séducteur puni. Extrait : « Là ci darem la mano » (duettino)
Gioachino Rossini (1792-1868) Cesare Sterbini d'après la comédie éponyme de Beaumarchais	*Le Barbier de Séville*	Opéra en italien, créé en 1816. Le comte Almaviva, amoureux de la jeune orpheline Rosine, est prêt à tout pour l'arracher à Bartholo, son vieux tuteur, qui a depuis toujours pour projet de l'épouser. Extrait : « Largo al factotum » (Figaro) Extrait : « Una voce poco fa » (Rosine)
Gaetano Donizetti (1797-1848) Felice Romano	*L'Élixir d'amour*	Opéra en italien, créé en 1832. Un soupirant éconduit tente de forcer le destin en achetant à un charlatan ambulant un philtre d'amour. Extrait : « Una furtiva lagrima » (romance de Nemorino)

Hector Berlioz [1803-1869] Gérard de Nerval, Almire Gandonnière et Hector Berlioz d'après *Faust de Goethe*	*La Damnation de Faust*	Opéra en français, créé en 1846. Dans sa quête du savoir, le Dr Faust a perdu ses plus belles années. Devenu un vieillard amer, il songe au suicide. Le diable, sous les traits de Méphistophélès, lui apparaît et lui propose de lui rendre sa jeunesse en échange de son âme. Faust accepte mais se perdra pour avoir rencontré l'amour au travers de Marguerite. Extrait : « Marche hongroise » [marche de Rákóczy]
Richard Wagner [1813-1883] Richard Wagner	*Lohengrin*	Opéra en allemand, créé en 1850. Lohengrin, chevalier de la Table ronde, est envoyé sauver une vierge innocente, Elsa de Brabant, accusée d'avoir assassiné son jeune frère disparu lors d'une promenade. Pendant le procès d'Elsa, Lohengrin paraît, guidé par un cygne blanc. Il prouve l'innocence de la jeune fille. Tous deux peuvent s'unir, mais à une condition : elle ne doit jamais lui demander d'où il vient... Extrait : « Marche nuptiale »
Giuseppe Verdi [1813-1901] Francesco Maria Piave d'après *La Dame aux camélias* d'Alexandre Dumas fils	*La Traviata*	Opéra en italien, créé en 1853. Alfredo, jeune homme de bonne famille, tombe amoureux d'une courtisane en vue, Violetta. Sincèrement amoureuse, Violetta abandonne son métier. Cependant, le père d'Alfredo, au nom de la respectabilité bourgeoise, l'oblige à rompre sans dévoiler le motif réel de sa décision. Un mois plus tard, Alfredo apprend de son père que Violetta n'a jamais cessé de l'aimer. Il retrouve Violetta qui, épuisée par la maladie, meurt dans ses bras. Extrait : « Noi siamo zingarelle », chœur des bohémiennes
Charles Gounod [1818-1893] Jules Barbier et Michel Carré d'après la pièce éponyme de Goethe	*Faust*	Opéra en français, créé en 1859. Voir synopsis de *La Damnation de Faust* d'Hector Berlioz. Extrait : « Le veau d'or » Extrait : « Ah ! Je ris de me voir si belle en ce miroir », air des bijoux
Jacques Offenbach [1819-1880] Henri Meilhac et Ludovic Halévy	*La Belle Hélène*	Opéra bouffe en français, créé en 1864. Pâris, berger sur le mont Ida, décerne la pomme d'or à la plus belle déesse, Vénus. En échange, elle lui promet l'amour de la plus belle femme du monde... qui n'est autre qu'Hélène, reine de Sparte, mariée à Ménélas. Extrait : « Ces rois remplis de vaillance »
Modeste Moussorgski [1839-1881] Modeste Moussorgski d'après le drame d'A. Pouchkine	*Boris Godounov*	Opéra en russe, créé en 1874. Histoire de l'accession au trône, du règne puis de la chute du tsar Boris Godounov entre 1598 et 1605. Extrait : « Mon âme est triste », monologue de Boris

Léo Delibes (1836-1891) Edmond Gondinet et Philippe Gille d'après la nouvelle *Rarahu ou le Mariage de Loti* de Pierre Loti	*Lakmé*	Opéra en français, créé en 1883. En Inde, au XIXe siècle, Lakmé, fille d'un brahmane qui la garde jalousement, rencontre Gérald, un soldat britannique. Avec lui, elle découvre la passion et lui, le rêve et l'exotisme. Mais le poids des convenances sociales et leurs désirs personnels auront raison de leur amour. Extrait : « Viens Malika sous le dôme épais », duo des fleurs
Giacomo Puccini (1858-1924) Giuseppe Giacosa et Luigi Illica d'après un roman d'Henri Murger	*La Bohème*	Opéra en italien, créé en 1896. À Paris, au XIXe siècle, une bande d'étudiants sans le sou compte sur les joies de la vie pour égayer le quotidien. Extrait : « O suave fanciulla », tableau 1

PRÉSENTATION
Chaque groupe présentera l'objet de ses recherches au reste de la classe.

Cette séance se déroulera en plusieurs fois ou pourra faire l'objet d'un plan de travail.

COMPARAISON AVEC LES REPRÉSENTATIONS INITIALES
Mettre en lien avec les représentations initiales relevées à la séance 1.

Les élèves ont-ils toujours les mêmes représentations de l'opéra ou ont-elles évolué ? Peuvent-ils donner une définition brève de l'opéra ? Peuvent-ils citer quelques mots-clés pour le caractériser ?

Éléments d'évaluation

L'évaluation peut avoir pour objet de faire identifier au moins une musique d'opéra parmi d'autres :
- « Fossiles », extrait du *Carnaval des animaux* de Camille Saint-Saëns (Musique Prim : bit.ly/1UfJYQ6) ;
- « Rondeau du Brésilien », extrait de *La Vie parisienne* de Jacques Offenbach (Musique Prim : bit.ly/1ZnwPEu) ;
- « When I am laid in Earth », extrait de *Didon et Enée* de Henry Purcell (Musique Prim : http://bit.ly/1Poye6f) ;
- « Valse n° 2 », extraite de *Suite Jazz n° 2* de Chostakovitch (CD 2, plage 9) ;
- *We Free Again* de Groundation (CD 2, plage 22) ;
- *Danses populaires roumaines IV* de Bartók (CD 1, plage 10)
- « Là ci darem la mano », extrait de *Don Giovanni* de Mozart (CD 2, plage 19).

DU
D′

Duos d'amour

OS
AMOUR

PARTIE 13

Lors de cette séquence, les élèves découvriront le jeu entre l'alternance et la simultanéité des voix utilisé dans bon nombre d'œuvres musicales et en comprendront l'intérêt musical.

Les élèves pourront ainsi réinvestir ce procédé afin d'enrichir l'interprétation d'une chanson.

SUPPORTS MUSICAUX UTILISÉS	*Le Petit Cordonnier* de Francis Lemarque et Rudi Revil « Là ci darem la mano », extrait de *Don Giovanni* de W. A. Mozart
NIVEAUX DE CLASSE	CM1-CM2
OBJECTIF PRINCIPAL DE LA SÉQUENCE	Connaître, reconnaître et s'essayer au jeu de l'alternance et de la simultanéité des voix
COMPÉTENCES VISÉES	Interpréter de mémoire une chanson Reconnaître et décrire des œuvres musicales préalablement étudiées Inventer et réaliser des productions à visée artistique ou expressive
DESCRIPTION DE LA SÉQUENCE	Séances 1 et 2 : Apprentissage du chant Séance 3 : Écoute de « Là ci darem la mano duo », extrait de *Don Giovanni* Séance 4 : Recherche d'interprétations du chant utilisant les procédés d'alternance et de superposition Éléments d'évaluation

Séances 1 et 2

Objectif : apprendre le chant *Le Petit Cordonnier*

Compétences visées :
- contrôler volontairement sa voix et son attitude corporelle pour chanter ;
- avoir mémorisé et savoir interpréter un chant ;
- tenir sa place en formation chorale.

Matériel :
- CD 2, plage 17 (*Le Petit Cordonnier*) ;
- CD 2, plage 18 (bande orchestre du *Petit Cordonnier*).

PRÉSENTATION DU CHANT

Le Petit Cordonnier a été composé en 1956 par Francis Lemarque, auteur, compositeur et interprète français. Parmi ses 400 chansons, certaines sont restées célèbres telles que *À Paris*, *Marjolaine* ou *Quand un soldat*. Bon nombre d'entre elles ont été interprétées par Yves Montand avec qui il collabora pendant de longues années. Il a également composé des musiques de films, notamment pour *Playtime* de Jacques Tati.

Le chant alterne, de façon classique, couplets et refrain, après une introduction instrumentale de deux mesures. Le texte narratif inclut parfois les propos du petit cordonnier et de sa belle, protagonistes de l'histoire.

LE PETIT CORDONNIER

Paroles et musique de Francis Lemarque et Rudi Revil

Introduction instrumentale

Un petit cordonnier qui voulait aller danser
Avait fabriqué de petits souliers
Une bell(e) est entrée qui voulait les acheter
Mais le cordonnier lui a déclaré :

« Ils seront à vous sans qu'ils vous coût(ent) un sou } *(bis)*
Mais il vous faudra danser avec moi. »

Petit cordonnier t'es bête, bête
Qu'est-c(e) que t'as donc dans la tête, tête
Crois-tu que l'amour s'achète, chète
Avec un(e) pair(e) de souliers ?

Mais la bell(e) accepta, ell(e) emporta sous son bras
Les petits souliers pour aller danser
L(e) cordonnier tout réjoui a mis ses plus beaux habits
Et s'est pomponné pour la retrouver

Mais hélas quand il voulut la faire danser } *(bis)*
Elle a refusé, lui a ri au nez.

Petit cordonnier t'es bête, bête
Qu'est-c(e) que t'as donc dans la tête, tête
Crois-tu que mon cœur s'achète, chète
Avec une pair(e) de souliers ?

Mais à peine la bell(e) avait-elle fait trois pas
Que ses p'tits souliers fur(ent) ensorcelés
Ell(e) se mit à tourner comm(e) un(e) toupie déréglée
Et les musiciens n'y comprenaient rien.

Ell(e) tourna, tourna jusqu'au petit matin } *(bis)*
Et tout épuisée se mit à pleurer.

Petit cordonnier arrête, rête
Je me sens tourner la tête, tête
Tu ne dois pas être bête, bête
Pour m'avoir ensorcelée.

Petit cordonnier arrête, rête
Que ta volonté soit faite, faite
Tout(e) la vie le cœur en fête, fête
Dans tes bras je veux danser !

DÉROULEMENT

On répartira l'apprentissage du chant sur deux voire trois séances.

PRÉPARATION VOCALE ET CORPORELLE

Éveil corporel
Exercices ponctués de rythmes frappés sur des formules extraites de la chanson.

L'enseignant montre l'exemple ; les élèves répètent :
- s'étirer vers le haut, en se grandissant sur la pointe des pieds puis frapper le rythme de « un petit cordonnier » en se frottant les mains ;
- frapper ses joues l'une après l'autre sur le rythme de « qui voulait aller danser » ;
- tapoter ses bras sur le rythme de « avait fabriqué des petits souliers » ;
- tapoter ses jambes sur le rythme de « Ils seront à vous » ;
- frapper des pieds sur « Sans qu'ils vous coûtent un sou » ;
- tapoter sa poitrine sur « Petit cordonnier, t'es bête, bête ».

Éveil du souffle
Souffler par la bouche en expirant tout l'air contenu dans les poumons, comme si on pressait fortement une grosse éponge imbibée d'eau.

Relâcher la musculature et, bouche ouverte, accueillir l'air qui entre sans faire d'effort, comme si l'éponge plongée dans l'eau reprenait sa forme.

Souffler en bruitant l'expiration sur « chhhhh », puis « ssssss », puis « fffffff » sans forcer. Arrêter simplement l'expiration et se laisser remplir d'air quand c'est nécessaire.

Éveil vocal
Reproduire une formule mélodique empruntée au chant mais avec un texte différent (ex. : onomatopée « lou » comme ci-dessous). Commencer dans une tonalité plus grave :

Monter progressivement, par demi-tons, pour atteindre la tonalité du chant :

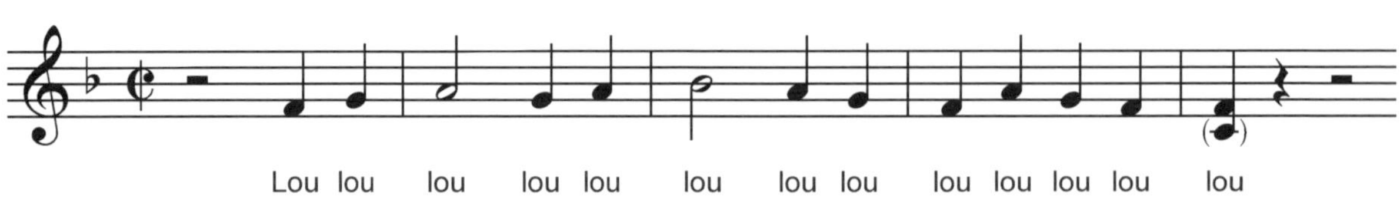

PRÉSENTATION DU CHANT

L'enseignant chante la chanson, accompagné de la bande orchestre (CD 2, plage 18).

Échanger avec les élèves sur le sens du texte et sur sa structure. Mettre en évidence :
- les personnages ;
- l'intrigue ;
- la forme couplet/refrain ;
- le caractère de la chanson (vif, dansant, gai) ;
- les instruments entendus (piano, wood-blocks, cymbale, flûte à coulisse, guitare, contrebasse).

APPRENTISSAGE DU REFRAIN

Travail du « chant intérieur »

Enchaîner rapidement les trois étapes suivantes :
- l'enseignant chante la première phrase du refrain « Petit cordonnier t'es bête, bête » ;
- les élèves la chantent « dans leur tête » ;
- ils la chantent à nouveau à voix haute.

Éviter les explications, préférer l'exemple et les indications gestuelles : utiliser, par exemple, des signes différents pour « je chante », « vous chantez dans votre tête », « vous chantez à voix haute ».

Procéder de la même façon pour les trois phrases suivantes du refrain.

Chanter les deux premières phrases du refrain, les élèves répètent.

Chanter les deux dernières phrases du refrain et faire répéter les élèves.

Chanter la totalité du refrain.

APPRENTISSAGE DU PREMIER COUPLET

Apprentissage en parlé-rythmé

L'enseignant dit le premier vers de la chanson – « Un petit cordonnier qui voulait aller danser » – sans chanter mais en respectant le rythme.

Les élèves écoutent puis, au signal, répètent.

Procéder de la même façon pour les autres vers du couplet.

Jeu du relais

Pour mémoriser ce texte, partager la classe en plusieurs groupes. En marquant discrètement la pulsation, on dit le texte du couplet en changeant de groupe toutes les deux mesures, sans jamais rompre le tempo. Par exemple :

GROUPE 1	GROUPE 2	GROUPE 3	GROUPE 4	GROUPE 5	GROUPE 1
Un petit cordonnier	qui voulait aller danser	avait fabriqué	de petits souliers	Une belle est entrée	qui voulait...

Veiller à décaler les départs afin que tous les groupes puissent dire l'ensemble du texte.

Apprentissage en voix chantée

L'enseignant chante le premier vers de la chanson : « Un petit cordonnier qui voulait aller danser. » Les élèves écoutent puis, au signal, répètent.

Procéder de la même façon pour le deuxième vers : « Avait fabriqué de petits souliers. »

Chanter les deux vers enchaînés et les faire répéter aux élèves.

Procéder de la même façon pour les autres vers du couplet.

APPRENTISSAGE DES DEUXIÈME ET TROISIÈME COUPLETS

L'apprentissage des deuxième et troisième couplets se fera sous la forme d'un apprentissage classique, par imitation.

Ne pas hésiter à recourir, même ponctuellement, au parlé-rythmé qui facilite la mise en place rythmique en correspondance avec les paroles.

On pourra également reprendre le jeu du relais mais cette fois-ci en changeant de groupes toutes les quatre mesures, c'est-à-dire à chaque vers.

APPRENTISSAGE DU DERNIER REFRAIN

Le dernier refrain est en réalité le refrain répété deux fois mais avec une difficulté : la fin du premier refrain est suspensive – « Pour m'avoir ensorcelée » – alors qu'elle est conclusive dans le deuxième – « Dans tes bras je veux danser ! » –, ainsi que dans les refrains précédents.

On pourra donc travailler ces deux vers en opposition :
– « Pour m'avoir ensorcelée »
– « Dans tes bras je veux danser ! »

L'enseignant les chante tour à tour en les nommant « n° 1 » et « n° 2 ».

Puis, pour exercer les élèves à reconnaître les deux vers – « n° 1 » et « n° 2 » –, chanter uniquement la mélodie (remplacer le texte par des « lou lou », par exemple).

Enfin, dire : « n° 1 » ou « n° 2 » et les élèves doivent chanter la bonne formule.

Séance 3

Objectifs :
- connaître un duo d'opéra : « Là ci darem la mano », extrait de *Don Giovanni* ;
- soutenir une écoute prolongée en respectant des consignes d'écoute ;
- repérer le jeu entre l'alternance et la simultanéité des voix et comprendre son intérêt musical.

Compétence visée : reconnaître et décrire des œuvres musicales préalablement étudiées.

Matériel : CD 2, plage 19 (« Là ci darem la mano », extrait de *Don Giovanni*)

PRÉSENTATION DE L'ŒUVRE

Titre : « Là ci darem la mano » extrait de *Don Giovanni*

Compositeur : Wolfgang Amadeus Mozart

Genre : duo d'opéra

Instrumentation : voix d'homme (basse), voix de femme (soprano), orchestre

LE COMPOSITEUR

Wolfgang Amadeus Mozart est un compositeur né le 27 janvier 1756 à Salzbourg et mort à Vienne le 5 décembre 1791. Mort à trente-cinq ans, il laisse une œuvre importante (626 œuvres répertoriées), qui embrasse tous les genres musicaux de son époque. Selon les témoignages, il était, au piano comme au violon, un virtuose.

L'OPÉRA

Don Giovanni, opéra en deux actes de 1787, inspiré du mythe de Don Juan, est aujourd'hui considéré comme un des opéras majeurs de Mozart avec *Les Noces de Figaro* et *La Flûte enchantée*.

L'action se passe à Séville au XVIIe siècle. Don Giovanni est un jeune noble qui, au grand désespoir de son père, passe son temps à séduire les femmes. Il leur promet le mariage afin de les attirer puis les délaisse.

Un jour, il tue en duel le père de l'une de ses conquêtes. Après beaucoup de péripéties, il se retrouve pourchassé par les maris, fiancés et frères de celles qu'il a séduites et se réfugie dans un cimetière avec Leporello, son valet, pour se cacher des poursuivants. Il se retrouve devant la tombe du père qu'il a tué et par bravade se moque de sa fille. La statue du père qui orne la tombe s'anime. Elle lui demande de se repentir et de cesser de faire le mal, sous peine de finir en enfer. Don Juan invite la statue à dîner chez lui.

La statue vient à son dîner et lui demande une nouvelle fois de se repentir. Don Juan refuse toujours. La statue du père lui propose alors de venir dîner chez lui. Don Juan, bien que terrorisé, accepte, lui tend la main. Il meurt foudroyé et disparaît dans les flammes de l'enfer.

L'EXTRAIT

Le duo « Là ci darem la mano » se situe au premier acte de l'opéra. Une procession de villageois qui préparent le mariage de Masetto et Zerlina apparaît. Don Giovanni remarque Zerlina, qui lui plaît, et se débarrasse du fiancé jaloux, Masetto. Lors de ce duo, Don Giovanni entreprend de séduire Zerlina.

« LÀ CI DAREM LA MANO », EXTRAIT DE DON GIOVANNI

Musique de W. A. Mozart – Livret de Lorenzo da Ponte

	ADAPTATION FRANÇAISE
DON GIOVANNI Là ci darem la mano, Là mi dirai di sì : Vedi, non è lontano, Partiam, ben mio, da qui.	DON GIOVANNI Viens, une voix t'appelle, Qui chante dans mon cœur, Viens ne soit pas rebelle, C'est bien la voix du bonheur.
ZERLINA Vorrei e non vorrei, Mi trema un poco il cor, Felice, è ver, sarei, Ma può burlarmi ancor !	ZERLINA Je tremble mais j'écoute, J'ai peur de mon bonheur, Désir, amour et doute, Combattent dans mon cœur.
DON GIOVANNI Vieni, mio bel diletto !	DON GIOVANNI Viens, ma beauté que j'adore !
ZERLINA Mi fa pietà Masetto.	ZERLINA Masetto m'aime encore.
DON GIOVANNI Io cangierò tua sorte.	DON GIOVANNI Je te ferai grande dame !
ZERLINA Presto... non son più forte.	ZERLINA Ah ! Je sens faiblir mon âme.
DON GIOVANNI Andiam !	DON GIOVANNI Partons !
ZERLINA Andiam !	ZERLINA Partons !
DUO Andiam, andiam, mio bene, a ristorar le pene D'un innocente amor.	DUO C'est toi, c'est toi que j'aime, Ton cœur est mon cœur même ; L'amour nous unira.

ANALYSE DE L'EXTRAIT

Du point de vue musical, ce duo est construit comme un dialogue en deux parties. Les interventions de Don Giovanni et Zerlina se succèdent de plus en plus rapidement pour montrer les assauts répétés et impatients de Don Giovanni qui parvient à la faire céder : Zerlina et lui chantent ensemble symbolisant ainsi leur union.

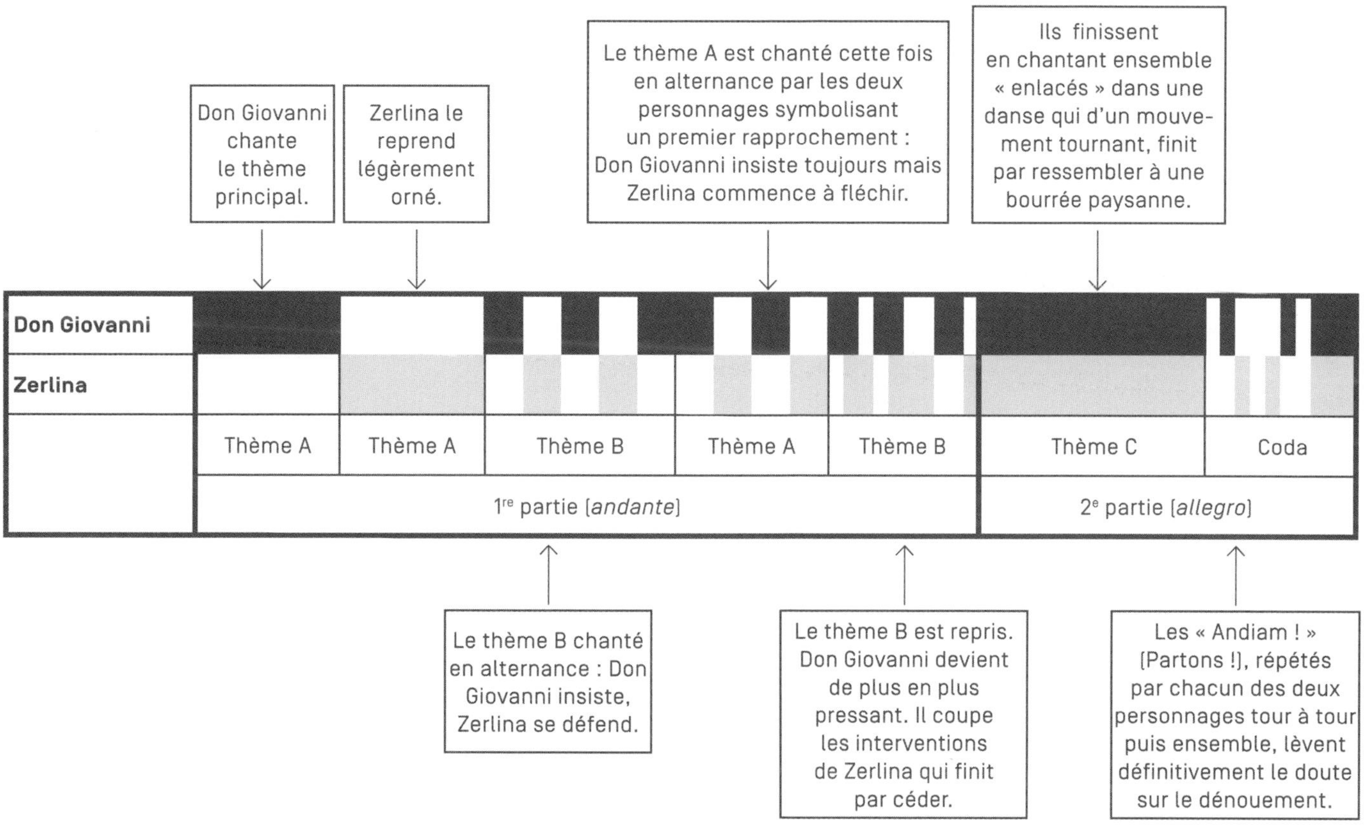

DÉROULEMENT

PREMIÈRE ÉCOUTE

Première écoute du duo suivi de remarques et échanges. Amener les élèves à répondre aux questions suivantes :
- Quel est le caractère de cette musique ? (mélodieux, majestueux puis dansant, gai...)
- Qui chante ?
- Chantent-ils toujours en même temps ?

Ne pas hésiter à réécouter pour confirmer chaque réponse.

CONTEXTUALISATION

Présenter l'argument de l'opéra *Don Giovanni* et contextualiser la rencontre de Don Giovanni et Zerlina sans dire aux élèves l'issue de celle-ci.

RÉÉCOUTE GUIDÉE

Proposer la consigne suivante : « Nous allons réécouter le duo. Pouvez-vous me dire si Don Giovanni va réussir à séduire Zerlina ? Quels sont les indices qui nous le montrent ? »

Les échanges qui suivront mettront en évidence les deux parties du duo et leurs caractéristiques musicales.

Première partie :
- musique claire, lente et majestueuse au début du morceau qui s'étoffe petit à petit pour traduire l'agitation qui s'empare des personnages ;

– les interventions des deux chanteurs se succèdent de plus en plus rapidement et montrent l'insistance de Don Giovanni.

Seconde partie :
– le tempo est plus rapide (musique de danse) ;
– les deux personnages chantent ensemble.

LECTURE DU TEXTE DU DUO

Distribuer les paroles du duo aux élèves (texte original et adaptation française) : lecture pour valider ou non les hypothèses émises lors de l'écoute.

On pourra proposer une dernière écoute avec le texte sous les yeux.

POUR ALLER PLUS LOIN

On pourra regarder ce duo dans sa version scénique. Il existe effectivement de nombreuses mises en scène de l'opéra *Don Giovanni* que l'on peut visionner *via* Internet.

Séance 4

Objectif : interpréter le chant *Le Petit Cordonnier* en réinvestissant les jeux d'alternance et de simultanéité

Compétences :
– inventer et réaliser des productions à visée artistique ou expressive ;
– s'exprimer par le chant ;
– chanter avec expression.

Matériel : CD 2, plage 18 (bande orchestre du *Petit Cordonnier*)

DÉROULEMENT

PRÉPARATION VOCALE ET CORPORELLE

Éveil corporel

C'est le matin : bailler, étirer ses bras, ses jambes dans tous les sens.

Masser son visage, l'ensemble de son corps.

Se promener dans la salle sans se toucher, sans se parler. Au signal de l'enseignant, s'arrêter, regarder si tout l'espace est occupé et combler les vides.

Même exercice mais en adoptant le personnage : monsieur (ou madame !) Rusé, monsieur Fier, monsieur Gentil, monsieur Étourdi…

Éveil du souffle
L'enseignant propose un modèle, les élèves répètent :
– à la façon de monsieur Fatigué : « CHHHH » (son long, en soupirant) ;
– à la façon de monsieur Rusé : « SSSSS » (son long, comme un serpent) ;
– à la façon de monsieur Fier : « FFFFF » (son bref, dédaigneux).

L'enseignant nomme le nom du personnage sans proposer le modèle, les élèves émettent le son correspondant.

Éveil vocal
En cercle : l'enseignant lance un mot à un élève qu'il a choisi du regard. L'élève le répète avec la même intonation puis choisit un autre mot qu'il lance à un autre élève et ainsi de suite. Les mots doivent être ceux de la chanson (tête, souliers...).

Jeu de l'écho : l'enseignant dit les paroles du refrain : « Petit cordonnier t'es bête ». La classe répond « bête » moins fort, comme un écho, en respectant le rythme de la chanson. Et ainsi de suite.

« Enseignant : Petit cordonnier t'es bête
Classe : bête
Enseignant : Qu'est-c(e) que t'as donc dans la tête
Classe : tête
Enseignant : Crois-tu que l'amour s'achète
Classe : chète
Tous : avec une paire de souliers. »

Scinder la classe en deux groupes : même exercice en faisant se répondre les deux groupes.

Inciter les élèves à « jouer » leur intervention (gestes, expression de sentiments...).

RÉVISION DE LA CHANSON

Chanter la chanson du *Petit Cordonnier*, tous ensemble avec la bande orchestre.

RECHERCHE D'INTERPRÉTATION

Placer les enfants par petits groupes et distribuer le texte de la chanson (une feuille pour chaque groupe) : les élèves doivent chercher une façon de répartir le texte de la chanson entre la belle et le cordonnier, ces deux personnages pouvant chanter chacun leur tour ou en même temps.

Ils devront ensuite se répartir les rôles pour venir présenter leur proposition au reste de la classe.

Pour certaines phrases, le choix pourra paraître évident, les paroles étant rapportées au discours direct (exemple, les paroles du refrain sont celles de la belle). Il faudra opérer un choix pour les parties narratives du texte et le justifier.

MISE EN COMMUN

Chaque groupe propose son interprétation à l'ensemble de la classe, soit en la chantant soit en la lisant et justifie ses choix. Les élèves échangent et proposent une analyse critique de l'interprétation.

Amener les élèves à effectuer des parallèles entre l'interprétation du chant et l'extrait d'opéra afin de faire évoluer leurs productions.

INTERPRÉTATION FINALE

Choisir une ou plusieurs propositions que toute la classe interprétera en ayant au préalable réparti les rôles.

Inviter les élèves à « jouer » la chanson grâce à des gestes et des expressions.

On pourra également proposer une mise en espace de la chanson avec des déplacements très simples qui accentueront les choix effectués : les deux groupes face à face, dos à dos...

Éléments d'évaluation

Demander aux élèves de mettre une poésie en voix par groupe de deux en utilisant ce procédé d'alternance et de superposition des voix.

Exemples de poésies :
- *Conversation* ou *Monsieur, monsieur* de Jean Tardieu ;
- *Dites donc, un poète* d'Alain Bosquet ;
- *Petit ou grand* de Sylvaine Hinglais.

LA FO

DU RE

La force du reggae

RCE

GGAE

PARTIE 14

Ces deux pièces complémentaires permettent de découvrir les principes de base rythmiques et mélodiques du reggae, ainsi que les instruments caractéristiques du genre.

SUPPORTS MUSICAUX UTILISÉS	*L'Union fait la force*, paroles et musique de Jean Nô *We Free Again* de Groundation
NIVEAUX DE CLASSE	CM1 et CM2
OBJECTIF PRINCIPAL DE LA SÉQUENCE	Connaître et reconnaître le reggae
COMPÉTENCES VISÉES	S'exprimer par le chant Reconnaître des œuvres musicales préalablement étudiées Découvrir quelques éléments culturels d'un autre pays
DESCRIPTION DE LA SÉQUENCE	Séance 1 : Écoute et analyse de *We Free Again* Séance 2 : Découverte des caractéristiques du reggae Séances 3 et 4 : Apprentissage de la chanson *L'Union fait la force* Séance 5 : Production d'un accompagnement rythmique dans le style reggae Éléments d'évaluation

Séance 1

Objectif : découvrir une œuvre de reggae, *We Free Again*, et des caractéristiques rythmiques liées à la pulsation

Compétences visées :
- découvrir les deux pulsations de l'extrait musical (pulsation lente et pulsation rapide) ;
- savoir marquer ces deux pulsations.

Matériel :
- CD 2, plage 22 (*We Free Again*) ;
- cartons de couleurs différentes.

PRÉSENTATION DE L'ŒUVRE

HISTORIQUE DU REGGAE

La présence de troupes américaines en Jamaïque pendant et après la Seconde Guerre mondiale a laissé des traces sur la population locale. Des big bands de jazz se forment alors, précédant un fort engouement pour le rythm and blues, qui durera jusqu'à l'indépendance de l'île en 1962. À cette date, un nouveau genre musical fondé sur le contretemps voit le jour : le ska.

De déformations en assouplissements, le genre se métamorphose en reggae ; un terme que l'on doit à Frederick « Toots » Hibbert, compositeur en 1967 de *Do The Reggay* (le mot étant lui-même une synthèse de « *regular* » et « *guy* »). Musique du ghetto, liée à la culture rasta (éloge de la vie naturelle, de la marijuana, de l'homme noir et de la culture noire issue d'Éthiopie), il faut attendre 1973 et la reprise par Eric Clapton du titre de Bob Marley, *I Shot The Sheriff*, pour que le public international et blanc se familiarise enfin avec son rythme chaloupé.

Caractéristiques

Le reggae reprend les figures rythmiques du ska, fondées sur l'alternance des temps et contretemps et mises en valeur par les cuivres mais sur un tempo plus lent.

Lorsqu'on danse le reggae, on marque les temps forts, c'est-à-dire les premier et troisième temps, ce qui correspond à la pulsation qu'on appellera « pulsation lente ».

En réalité, le reggae est une musique à quatre temps. Si on les marque tous, on obtient la pulsation qu'on appellera « pulsation rapide ».

Sur une cellule de quatre temps :
- la guitare marque les deuxième et quatrième temps par une croche ou deux doubles-croches ;
- la grosse caisse et la caisse claire jouent le troisième temps (le « drop ») ;
- la guitare et le piano jouent les deuxième et quatrième temps (les « skanks »).

Bob Marley
Tout au long de sa vie, Bob Marley (1945-1981), icône éternelle du reggae, s'est inspiré de la symbolique rastafari pour construire sa propre personnalité et véhiculer un message d'amour et de paix.

La délégation sénégalaise aux Nations unies attribue à Bob Marley la médaille de la paix pour le tiers-monde, en remerciement de son influence en tant qu'artiste au service de la révolution.

L'ŒUVRE

We Free Again est extrait de l'album éponyme, sorti en 2004, du groupe de reggae californien Groundation qui se produit à travers des tournées européennes et américaines avec toujours le même objectif : faire passer un message de paix.

DÉROULEMENT

ÉCOUTE DÉCOUVERTE DE L'EXTRAIT

Poser les questions suivantes aux élèves : avez-vous déjà entendu ce style de musique ? Comment l'appelle-t-on ? Qui chante ? (homme, femme). Reconnaissez-vous des instruments ?

Présenter alors brièvement le reggae et son histoire.

ÉCOUTE CORPORELLE

Sur la musique, avec l'ensemble de la classe, marcher jusqu'à trouver une pulsation commune. Cette première approche permettra de mettre en évidence les temps 1 et 3 sur une pulsation qu'on appellera « lente ».

Sur la musique, rechercher la pulsation rapide soit en claquant des doigts, soit en marchant (il faut alors faire des petits pas !).

Une fois que ces deux pulsations sont bien identifiées, inviter les élèves à changer de pulsation sur la musique, en réponse à un signal sonore produit par l'enseignant.

Séance 2

Objectif : découvrir les caractéristiques du style reggae

Compétences visées :
- repérer des éléments caractéristiques simples ;
- reproduire et produire des formules rythmiques sur des objets sonores appropriés ;
- assumer son rôle dans un travail d'accompagnement en respectant la pulsation ;
- reproduire et produire des formules rythmiques sur des objets sonores appropriés.

Matériel :
- CD 2, plage 22 (*We Free Again*) ;
- baguettes chinoises ;
- tambourins.

DÉROULEMENT

MISE EN ÉVIDENCE DES TEMPS ACCENTUÉS

Sur la musique, faire compter à voix haute « 1, 2, 3, 4 » sur la pulsation rapide.

Au signal (par exemple, l'enseignant montre un doigt), accentuer le premier temps en disant « 1 » à voix haute et « 2, 3, 4 » à voix basse.

Marcher sur la pulsation rapide et accentuer le premier temps en le frappant plus fort.

Mêmes exercices avec les temps 3 puis 2 et enfin 4.

Toujours sur la musique, accentuer les deuxième et quatrième temps en déplacement, puis immobiles en frappant avec deux doigts et en comptant à haute voix.

IDENTIFICATION DES CARACTÉRISTIQUES RYTHMIQUES ET INSTRUMENTALES DU REGGAE

Moins accentuer les deuxième et quatrième temps afin de repérer l'instrument qui tient ce rôle (la guitare électrique).

Jouer le rôle de la guitare en frappant les temps 2 et 4 avec des baguettes chinoises ou en disant « skank ».

Mêmes exercices sur le troisième temps pour repérer le rôle de la grosse caisse et de la caisse claire. Jouer ce rôle en frappant le 3 avec des tambourins ou en disant « drop ».

Répartir la classe en deux groupes correspondant aux « skank » et « drop » puis superposer les formules sur la musique.

Séances 3 et 4

Objectif : apprendre le chant *L'Union fait la force*

Compétences visées :
- interpréter de mémoire une chanson ;
- repérer et reproduire avec justesse une phrase mélodique ;
- repérer et reproduire avec exactitude une formule rythmique ;
- tenir sa place et respecter les exigences liées à l'expression musicale collective.

Matériel :
- CD 2, plage 20 (*L'Union fait la force*) ;
- CD 2, plage 21 (bande orchestre de *L'Union fait la force*).

PRÉSENTATION DU CHANT

Jean Nô est un auteur-compositeur contemporain surnommé « Monsieur Nô ». Il développe des projets de création de chansons à destination des scolaires sur des thématiques très variées. Les plus réussies sont enregistrées et publiées par la chorale des Enfantastiques depuis 2002.

Orchestrée dans le style reggae et organisée sous la forme couplets/refrains, la chanson *L'Union fait la force* véhicule un message de solidarité et de paix, valeurs emblématiques prônées par l'icône de cette musique : Bob Marley. Elle donne également l'occasion de mettre en valeur, dans son introduction et lors d'un passage improvisé, l'harmonica de Toots Thielemans.

L'UNION FAIT LA FORCE

Paroles et musique de Jean Nô

Introduction instrumentale

À l'époqu(e) du chacun pour soi
Où l'égoïsm(e) est roi
Soyons moins brutes et féroc(es)
L'union fait la forc(e)

Ouvrons nos portes, nos fenêtr(es)
Il est temps de renaîtr(e)
Et de sortir de nos écorc(es)
L'union fait la forc(e)
L'union fait la forc(e)

Chacun de nous est un maillon
Un parmi des millions
Gringalets, minus ou coloss(es)
L'union fait la forc(e)

Chez soi, à l'écol(e), au boulot
Ne jouons pas solo
Qu'on soit apprenti ou « the boss »
L'union fait la forc(e)
L'union fait la forc(e)

Refrain
L'union fait la forc(e)
L'union fait la forc(e)
L'union fait la forc(e)
L'union fait la forc(e)

Ne restons plus raides et fiers
Comme des statues de fer
Avant que la vie nous caboss(e)
L'union fait la forc(e)

Finies les bagarr(es), les disput(es)
Maintenant on discut(e)
Devenons un peu philosoph(es)
L'union fait la forc(e)
L'union fait la forc(e)

Refrain

Intermède instrumental

Refrain

Chassons les méfianc(es) et les dout(es)
Continuons la rout(e)
Ensemble dans le mêm(e) carross(e)
L'union fait la forc(e)

Vous tous, écoutez-nous chanter
Car c'est la vérité
Qui sort de la bouche des goss(es)
L'union fait la forc(e)
L'union fait la forc(e)

Refrain (ad lib)

DÉROULEMENT

PRÉSENTATION DU CHANT

Écoute/présentation de la chanson interprétée par l'enseignant sur la bande orchestre ou sur la version originale.

Déballage de remarques (orienter les élèves vers les similitudes entre le chant et *We Free Again*). Demander aux élèves de placer des « skanks » sur la musique de la chanson.

PRÉPARATION CORPORELLE ET VOCALE

Éveil corporel

Après une nuit de sommeil, les musiciens de l'orchestre reggae se réveillent. Ils s'étirent, puis baillent :
- le guitariste a gardé ses réflexes. Il lève un pied, tourne la cheville, pose le talon au sol et frappe régulièrement du pied. Idem avec l'autre pied ;
- le bassiste mime le geste d'enfiler la sangle de sa basse et tourne le bassin pour aider à sa mise en place ;
- le batteur commence à frapper dans ses mains, d'abord doucement et régulièrement puis de plus en plus fort ;
- le pianiste déverrouille ses articulations des poignets et des doigts ;
- tous les musiciens tournent lentement la tête en dessinant un cercle avec leur nez puis penchent la tête en arrière afin de coiffer leurs rastas.

Éveil du souffle

Les musiciens se préparent, ils émettent un son sur un souffle long :
- le pianiste : « pfffft » ;
- le guitariste : « ssskank » ;
- le batteur : « drrrop ».

Éveil vocal

Après l'avoir prononcée avec plusieurs intentions (fâché, triste, joyeux, endormi...), chanter, en montant par demi-ton (de *do* à *fa*), la mélodie de la première phrase : « À l'époqu(e) du chacun pour soi où l'égoïsm(e) est roi ».

APPRENTISSAGE DU PREMIER COUPLET

Dire en parlé-rythmé, la cellule rythmique du couplet : « À l'é-poqu(e)-du-cha-cun-pour-soi, où-l'é-go-ïsm(e)-est roi ». Veiller à l'articulation des paroles.

Rechercher les cellules rythmiques similaires dans la chanson (premier et troisième vers de chaque couplet). Les dire en parlé-rythmé de différentes manières : fort, faible, chuchoté...

Apprendre la mélodie, identique pour ces quatre vers.

Dire en parlé-rythmé la dernière cellule rythmique du couplet: « l'u-nion-fait-la-forc(e)-l'u-nion-fait-la forc(e) » en variant le tempo et apprendre la mélodie.

APPRENTISSAGE DU REFRAIN

Enchaîner la dernière phrase du couplet avec la première note du refrain (*mi-la*).

Interpréter sur la bande orchestre le premier couplet et le refrain.

APPRENTISSAGE DES AUTRES COUPLETS

Mise en place rythmique identique à celle du premier couplet. Procéder par imitation (question – réponse) entre deux groupes ou l'enseignant et un groupe.

Travailler plus spécifiquement l'enchaînement entre la fin du refrain et le début des couplets. En effet, il y a seulement deux temps de transition, il faut donc reprendre rapidement.

Interpréter l'intégralité de la chanson sur la bande orchestre, en confiant un couplet par groupe pour aider à la mémorisation des textes.

Séance 5

Objectif : produire un accompagnement rythmique sur le chant *L'Union fait la force*

Compétences visées :
- participer avec exactitude à un jeu rythmique ;
- assumer son rôle dans un travail d'accompagnement du chant en respectant la pulsation.

Matériel :
- CD 2, plage 20 (*L'Union fait la force*) ;
- instruments (claves ou baguettes chinoises, tambourins).

DÉROULEMENT

RAPPEL DE LA SÉANCE DÉCOUVERTE SUR LE REGGAE

Qu'avait-on appris ? (les « skanks », les « drops » et où les placer)

ÉCOUTE DE LA BANDE ORCHESTRE DU CHANT

Repérage corporel de la pulsation « rapide » sur quatre temps.

RÉINVESTISSEMENT DE LA RYTHMIQUE REGGAE SUR LA BANDE ORCHESTRE

Les « skanks » (baguettes chinoises ou claves) sur les deuxième et quatrième temps.

Les « drops » (tambourins) sur le troisième temps.

INTERPRÉTATION ET ACCOMPAGNEMENT DE LA CHANSON

Répartir la classe en trois groupes : un groupe chanteur, deux groupes instrumentistes (« skanks » et « drops »).

Il est important que chaque élève pratique tous les groupes et chaque instrument.

POUR ALLER PLUS LOIN

Repérer les indices de jeu des musiciens (signal de batterie, voix...) annonçant les modulations (changement de hauteur de la musique).

Repérer et imiter les riffs* de cuivres en produisant des onomatopées (courtes répliques des cuivres dans la musique jazz et ses dérivés).

Écouter d'autres œuvres dans ce style, entre autres celles de Bob Marley : *Is this Love*, *No Woman No Cry*.

Écouter d'autres extraits des albums de Groundation, par exemple *Upon the Bridge*.

Éléments d'évaluation

On peut proposer aux élèves d'identifier au moins un reggae parmi quatre compositions.

Par exemple :
- une bossa-nova brésilienne : *Blue Bossa* de Kenny Dorham (CD 2, plage 13) ;
- un rock : *Rock Around the Clock* de Bill Haley ;
- un medley salsa : *Cocinando* et *Oye como va?* respectivement de Ray Barretto et Tito Puente (CD 1, plage 15) ;
- un reggae : *No Woman No Cry* de Bob Marley ;
- un chant traditionnel : *La Jument de Michao* par Tri Yann (version rock).

On pourra également proposer de produire les « skanks » avec des baguettes chinoises et les « drops » avec des tambourins sur *No Woman No Cry* de Bob Marley.

Glossaire

A

ACCELERANDO
Indication signifiant que la musique doit être jouée ou chantée de plus en plus vite.

ALLEGRO
Indication signifiant qu'un passage doit être joué ou chanté avec un tempo rapide.

ARGUMENT
Court résumé de l'intrigue d'un opéra ou d'une pièce de théâtre.

C

CLUSTER
Agrégat de sons sans hauteur déterminée joué ou chanté simultanément.

CRESCENDO
Indication signifiant qu'un passage doit être joué ou chanté de plus en plus fort.

D

DECRESCENDO OU DIMINUENDO
Indication signifiant qu'un passage doit être joué ou chanté de moins en moins fort.

F

FORTE/TRIPLE-FORTE
Indication concernant l'intensité du son (forte = fort ; triple-forte = très très fort).

G

GLISSANDO
Glissement continu d'une note à une autre, vers le grave ou vers l'aigu.

L

LEGATO
Façon de jouer qui consiste à lier les notes de sorte qu'il n'y ait pas de silence entre elles.

O

OSTINATO
Procédé de composition musicale qui consiste à répéter obstinément une formule rythmique, mélodique ou harmonique.

P

PIANO/PIANISSIMO
Indication concernant l'intensité du son (piano = faible ; pianissimo = très faible).

PICCOLO
Petite flûte traversière au registre puissant et aigu.

PIZZICATI/PIZZICATO
Technique qui consiste à pincer les cordes plutôt que d'utiliser l'archet.

POLYRYTHMIE
Procédé qui consiste à jouer simultanément deux ou plusieurs parties dont les rythmes sont différents.

R

RIFF
Court motif musical joué de manière répétitive (davantage utilisé dans les musiques actuelles).

T

TEMPO
C'est la vitesse de la pulsation.

V

VIOLONS I ET VIOLONS II

Dans un orchestre symphonique, tous les violons sont regroupés. Les violons I sont placés en avant, alors que les violons II sont plus au centre de la formation. La mélodie jouée par les violons II a plus un caractère d'accompagnement que celle exécutée par les violons I.

Crédits des audios recopiés

- *Duo des chats* © Universal Publishing Production Music
- « La mère Gigogne et les polichinelles », extrait de *Casse-Noisette* © Ondine
- *On est musiciens* © Marc Pinget – Avec son aimable autorisation
- *Danses populaires roumaines* IV, V, VI © Avec l'aimable autorisation de Naïve – www.naive.fr
- *Compère vous rêvez* © Avec l'aimable autorisation des éditions J.M. Fuzeau – 79440 Courlay (France) – www.fuzeau.com
- *Brrr ! J'ai peur* © ADF-Bayard musique
- « Musique d'insectes et de rainettes », extrait de *L'Enfant et les Sortilèges* © Arts production
- *La Noce des oiseaux* © Arrangement : Jean-François Gion – Extrait de Écoles qui chantent 2005/2006 de l'association Approchants – 6, rue du Patronage – 67610 La Wantzenau – association.approchants@wanadoo.fr – http://pagesperso-orange.fr/approchants
- « Le rouge-gorge », extrait de *Petites esquisses d'oiseaux* ℗ Naxos Rights US, Inc
- Chants d'oiseaux © Universal-Soundbank
- *Cailloux et coquillages* © Avec l'aimable autorisation des éditions J.M. Fuzeau – 79440 Courlay (France) – www.fuzeau.com
- « Dialogue du vent et de la mer », extrait de *La Mer* © BIS Record AB
- *Noël en Ribambelle* © Editions musicales Lugdivine – Avec leur aimable autorisation
- *Canon* ℗ Naxos Rights US, Inc
- *De Tokyo à Kyoto* © Avec l'aimable autorisation des éditions J.M. Fuzeau – 79440 Courlay (France) – www.fuzeau.com
- *Kabuki procession* © Parigo / Cavendish Music
- « Valse n° 2 », extrait de Suite jazz n° 2 ℗ Naxos Rights US, Inc
- *Différents d'une même famille* © Avec l'aimable autorisation d'Arnaud Chatirichvili
- *Hop, hop opéra* © CRDP de Bourgogne
- « Le chœur des gamins », extrait de *Carmen* © With thanks to Glyndebourne
- *Le Petit Cordonnier* © Répertoire académique de Bourgogne – PEP 21 – Tél. : 03 80 76 63 11
- « Là ci darem la mano », extrait de *Don Giovanni* – HMC 901964.66 Mozart, *Don Giovanni / Là ci darem la mano* – Sunhae Im, soprano & Johannes Weisser, baryton – RIAS Kammerchor, Freiburger Barockorchester, dir. René Jacobs © Harmonia mundi, 2013
- *L'union fait la force* © Chanson écrite par Monsieur Nô dans le cadre des représentations « Chansons en création » qui ont lieu avec des élèves et des enseignants d'écoles élémentaires (édition Bizou Muzic). Interprétée par « Les Enfantastiques » www.lesenfantastiques.fr
- *We free again* – Auteur : Harrison Stafford – Compositeur : Marcus Urani – Label ℗ Young Tree Records / Groundation Music – Label Europe (L) et © Soulbeats Records / M'A Publishing – Publishing : Grounded Music

DANS LE MÊME UNIVERS

Partitions fantômes 16
Ouvrage collectif
2007
Imprimé : Réf. 140B4250 – 7 €
CD : Réf. 140CD003 – 23 €

Partitions fantômes 17
Ouvrage collectif
2009
Imprimé : Réf. 140B4410 – 7 €
CD : Réf. 140CD004 – 23 €

Partitions fantômes 18
Ouvrage collectif
2011
Imprimé : Réf. 140B4490 – 7 €
CD : Réf. 140CD005 – 25 €

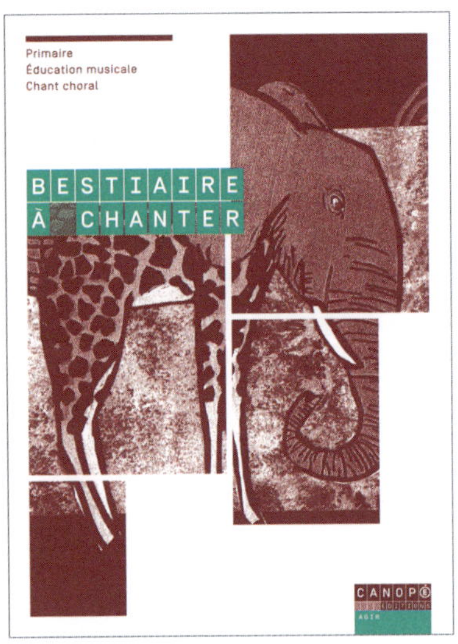

Bestiaire à chanter
Ouvrage collectif
2014
Imprimé : Réf. 250C0042 – 21 €

50 activités en éducation musicale aux cycles 2 et 3
Henri Gonzalez
2014
Imprimé : Réf. 31000A86 – 26 €

Le Triolet des petits
Association Triolet 59-62
2011
Imprimé : Réf. 590B2970 – 25 €

PEFC
PEFC/10-31-1316

Imprimé en avril 2016
sur les presses de l'imprimerie Jouve
1, rue du Docteur Sauvé – 53100 Mayenne
Dépôt légal : avril 2016